DARIO DO AMARAL TRACHTA

CAMINHADA

Porto de Idéias
EDITORA

São Paulo, 2014

CAMINHADA

Dario do Amaral Trachta

Editor
Sebastião Haroldo de Freitas Corrêa Porto

Coordenação Editorial
Silvana Pereira de Oliveira

Projeto Gráfico
Otávio Oliveira Silva

Diagramação e Capa
Feco Porto

Dados Internacionais de Catalogação na Publicação (CIP)
(Câmara Brasileira do Livro, SP, Brasil)

Trachta, Dario do Amaral
Caminhada / Dario do Amaral Trachta. --
São Paulo : Porto de Idéias, 2014.

ISBN 978-85-8061-069-7

1. Ecologia 2. Expedições de aventuras
3. Experiências de vida 4. Natureza 5. Viagens -
Narrativas pessoais I. Título.

14-06315 CDD-910.4

Índices para catálogo sistemático:
1. Expedições : Relatos 910.4

EDITORA PORTO DE IDÉIAS LTDA.
Rua Perdões, 101 – Aclimação
São Paulo – SP – 01529.030
Fone (11) 3884-3814
www.portodeideias.com.br
twitter.com/portodeideias

A realização deste sonho literário dedico:

À minha grande família, em cujo colo deito a maior das minhas conquistas: a capacidade de ver e aprender a filosofia de vida que ininterruptamente me ensinam.

Aos meus três bravos companheiros, Dalibor, Henriquinho e Evandro, sem os quais não teríamos vencido o grande desafio da "CAMINHADA" que este livro relata.

E, com especial carinho, à Elsa, minha querida esposa e companheira, que com igual ou mais esforço carrega comigo as dificuldades e, às vezes, a mim próprio... e docemente partilha e vibra com todas as nossas alegrias, fazendo verdadeiramente valer a pena essa GRANDE CAMINHADA DA VIDA.

Sem essas pessoas, não teria sido o que sou: alguém de quem eu gosto muito!

DARIO VEM NA TERÇA

Viria, minha gente, viria.

Mas virá segunda mesmo, atendendo às inúmeras solicitações dos então saudosos colegas de trabalho, que lhe pediram que voltasse ao 'batente' o mais rápido possível.

Esse nosso amigo esteve por aí, metido em andanças natureza adentro, expedicionando 'a la Jacques Cousteau' com a mesma garra, talvez até mais.

Para maiores informações aguardem um 'Especial', na Rede Globo, onde o ilustre 'zoobotanicurioso' promete que fará com que o mudo conheça e reconheça seus trabalhos. Aí então vocês terão a oportunidade de ver o 'BARCOLYPSO', movido a remo mesmo, que não tem rodinhas nem nada, mas na água 'dá suas cacetadas'. Perceberão também que maravilhoso é este nosso mundo, que nem parece ser o mesmo em que passamos esses nossos conturbados dias, mas que é bem real e, por incrível que pareça, está bem debaixo dos nossos narizes.

Ainda bem que, de vez em quando, alguns brasileiros preocupam-se em explorá-lo e difundi-lo, PARA O BEM DE TODOS E FELICIDADE GERAL DA NAÇÃO.

E é aqui que começa o 'papo' sério:

Para o pessoal que se liga em adorar essa preciosidade que é a natureza (aliás, todos deveriam ser assim), sugiro que procurem nosso amigo da foto (assim que se refizer, é claro), com quem, tenho certeza, terão muito o que conversar, ao mesmo tempo em que ele, com toda boa vontade e disposição que lhe é peculiar, discorrerá sobre os conhecimentos adquiridos, relatando as experiências vividas nesta e em outras 'escapulidas'.

Só então perceberemos que de médico e de louco todo mundo tem um pouco, mas de Jacques Cousteau que é bom, uns tem bem mais que outros, graças a Deus!

Elaine/AREP

(Nota fixada no quadro mural da Secretaria de Segurança Pública/MS, por ocasião do término das férias de 1986, quando foi realizada a expedição Pantera Cor de Rosa II)

DE SONHO EM SONHO

Fatalmente, cada pessoa tem os seus sonhos particulares e suas paixões por isso ou por aquilo. Algumas são apaixonadas por grandes cidades, vida badalada, carros, caçadas e pescas, esportes, artes e uma porção de outras e mais curiosas coisas, com o que embasam o sentido de suas próprias vidas e por aquilo fazem de tudo.

Eu não sou exceção. Dentre algumas paixões que tenho na vida ofereço destaque à NATUREZA e à FOTOGRAFIA. E essas duas coisas sempre me proporcionaram realizações das mais diversas, especialmente quando estiveram juntas em um único trabalho. Em busca dessas realizações já me atirei em atividades, por muitos consideradas sem fundamento e loucas, geralmente aromatizadas com respeitável dose de desafio e incertezas. A primeira delas, responsável por uma grande transformação em minha personalidade a respeito de ecologia, realmente foi uma loucura da qual jamais esquecerei. Mês de janeiro de 1977. Época de muita chuva! Um rio cheio de árvores obstruindo seu curso, dois companheiros moleques na idade e um bote construído com dois capôs de caminhão, soldados um ao outro. Essa foi a Expedição Pantera Cor de Rosa através do rio Samambaia, no município de Bataiporã/MS. Quatro dias exaustivos, durante os quais o sol me ofertou com queimaduras de segundo grau nas pernas e pés, e quatro noites maldormidas, em que o desespero das noites em claro martelou minha consciência e deu razão aos que me quiseram impedir e as irresponsabilidades de um dos companheiros me fizeram mais responsável.

Acima de todo esse sofrimento, restaram três coisas: um diário de bordo, a valorização do feito e o meu real encontro com a Natureza!

Outras três expedições foram realizadas, sendo com o mesmo bote de capô, em outro trecho do Samambaia – três dias; com um bote de alumínio, seis dias no rio Ivinhema, e o mesmo percurso da primeira foi feito em janeiro de 1986, durante oito dias no rio Samambaia, sob o nome de Expedição Pantera Cor de Rosa II. Emocionante!

Dessas "loucuras" eu tenho diários, fotografias, audiovisuais e alguma experiência, sem contar a imensidão do amor que hoje dedico à Ecologia!

"Dizem concordo, sou um sonhador... Infeliz é quem não quer sonhar, pois todo sonho bem sonhado é real!".

Em busca dessa realidade resolvi, juntamente com três ilustres companheiros, vencer cento e setenta e seis quilômetros de estrada, sem equipe de apoio. Durante sete dias coletei material suficiente para elaborar um relatório, montar um audiovisual e escrever um livro intitulado CAMINHADA.

Não pretendo ser Jacques-Ives Cousteau, Charles Lindemberg, Amyr Klink e outros tantos "loucos" que existiram e existem por aí, mas nada me impede que eu sonhe em ser um deles e, mais do que isso, que de SONHO EM SONHO eu consiga tocar a consciência do homem!

O Autor

A Ecologia pede passagem

A Ecologia pede passagem
Ela grita, ela chora
Suplica,
Oferece,
Dá.
Em troca nada cobra
Em rastejos, voos, nados
No sibilo do vento
Que aroma conduz
Ela apenas pede
Sem nada exigir
Do todo o mínimo
Do direito o correto
Respeito
Apenas respeito!... Nada mais.

Dario do Amaral Trachta

SUMÁRIO

Capítulo I

SURGE UMA NOVA IDEIA

Trrriiimmm... 04:30 h. Era o relógio despertador gritando que deveríamos acordar, levantar e nos preparar para o início de um dos maiores desafios a que nos havíamos proposto, com algum tempo de antecedência, e que àquela altura dos acontecimentos não mais existia retorno ou desistência. Tínhamos de nos atirar ao mesmo e fazermos uso, sabíamos nós, de toda a resistência física e psicológica que julgássemos ter.

* * *

Em janeiro de 1986, havíamos realizado, com bastante sucesso, uma expedição de oito dias através do rio Samambaia, no município de Bataiporã/MS. Uma aventura, posso assim dizer, que ofereceu aos componentes da equipe, dado ao encantamento ecológico verificado no curso do rio e suas imediações, consideráveis transformações na personalidade de cada um, além de uma dotação de valores mais apurada e real em relação à Natureza e todas as coisas nas quais ela influi. Daquela expedição participaram, juntamente comigo, meu irmão Henrique, mais conhecido como Henriquinho, o meu sobrinho Evandro e um amigo de nome José Santana, o Zezinho. O rio Samambaia e eu já éramos conhecidos de outras expedições, ao passo que os demais componentes do grupo eram marinheiros de primeira viagem e, portanto, os que sofreram maiores transformações em termos de respeito à Natureza. Tanto foi importante e boa aquela expedição, que até hoje a lembramos com riqueza de detalhes e a contamos com o mesmo entusiasmo do dia da chegada, na tentativa, talvez, de fazermos com que aqueles que nos ouvem entendam o quanto é soberana a Natureza, apesar da fragilidade com que é constituída e a exatidão de equilíbrio de seus insubstituíveis elementos.

Poucos dias após o término daquela fantástica viagem pelo mundo natural que circunda o rio Samambaia, onde passamos oito dias e noites, através de todos os órgãos dos sentidos, observando e conhecendo o verdadeiro pulsar da vida, eu estava fazendo uma viagem, de carro, para a cidade de Presidente Epitácio/SP, em companhia da Nida, minha irmã, e seus filhos Evandro e Noêmia. Em determinado momento, ao volante, me peguei recordando sobre as minhas expedições. Então, atentei para um ponto em comum entre as mesmas, qual seja o de haverem sido realizadas sob o mesmo aspecto funcional, isto é, por água, vez que foram realizadas em rios da região, sendo três no rio Samambaia, em partes diferentes, e uma no rio Ivinhema, no trecho compreendido entre a ponte da rodovia que liga Nova Andradina/MS a Ivinhema/MS e a sede da fazenda Recanto. Assim havendo pensado, e na busca de uma forma diferente de "aventura", comentei com o Evandro que a próxima expedição poderia ser a pé, ou seja, uma caminhada de Batayporã a Epitácio/SP, utilizando como itinerário a própria rodovia, ideia essa que o Evandro, de imediato, disse que topava. Sobre o fato, Nida quase nada comentou, limitando-se a dizer que já não tínhamos o que inventar, deixando transparecer certa preocupação, já pelo fato de saber com que facilidade propúnhamos desafios e os aceitava.

Ideia lançada, a coisa foi amadurecendo. Eu e o Evandro passamos a conversar sobre o assunto, firmes no propósito de realizarmos aquela façanha. Passaram-se umas férias, nas quais realizei um show musical chamado "Tirado do Fundo do Baú" – sucesso absoluto –, com características de se tornar tradição. Contudo, por uma série de problemas pessoais, não foi levado a efeito no ano seguinte, cujas férias resumiram-se apenas em alguns acampamentos.

Já no início do ano de 1988 me transferi de Campo Grande para Nova Andradina e, então, em contato mais frequente com Evandro, passamos realmente a trabalhar na ideia lançada por ocasião daquela viagem. Em princípio, elaboramos um plano que estabelecia a viagem de Bataypora para Epitácio, num percurso de aproximadamente cento e sessenta quilômetros, para o que prevíamos uma semana de tempo. Esse plano foi passado para o papel, para o fim de consultas a nutricionistas e outros profissionais que pudessem nos orientar, posto que um dos maiores problemas para aquela expedição era o fator de alimentação, já que não poderíamos transportar os ingredientes para uma alimentação convencional, muito menos todo o equipamento necessário para a sua preparação, sem contar que não tínhamos qualquer experiência em longas caminhadas.

Ao elaborarmos formalmente o plano, surgiu um terceiro participante disposto a enfrentar o desafio: o meu irmão Dalibor. Embora sempre manifestado vontade, mas nunca haver participado de qualquer outra expedição, mostrava-se disposto a ser integrante desta. Pois bem, assim aceito, incluiu-se o nome do Dalibor e lá se foi o Evandro para São Paulo, a fim de estabelecer os contatos necessários com a mesma nutricionista que orientou Amyr Klink em sua travessia solitária pelo Atlântico. Aproveitando-se da oportunidade, Evandro fez uma visita ao escritório de Amyr para trocar algumas ideias a respeito do que pretendíamos realizar. Embora não tivesse conseguido manter contato com Amyr, passou a conhecer algumas coisas sobre as expedições do mesmo e observou como era a organização da equipe, transportando para a sua imaginação de jovem e sonhador aqueles dados, afirmando que, passo a passo, também poderíamos organizar mais corretamente a nossa equipe, inclusive lhe dar um nome e registrá-la.

Primeiro plano para a realização da caminhada

C A M I N H A D A   E X P E R I M E N T A L

PERCURSO: Bataypora/MS a Presidente Epitácio/SP, passando pelas cidades de Anaurilândia/MS e Bataguassú/MS.

DISTANCIA: 160 km, assim divididos:
a) Bataypora a Anaurilândia = 60 km,
b) Anaurilândia a Bataguassú = 70 km,
c) Bataguassú a Pres.Epitácio = 30 km.

CONDIÇÕES DO CAMINHO: de Bataypora a Bataguassú, ou seja 130 km, constitui-se de estrada cascalhada, com pedregulhos de tamanho médio e sôltos,

de Bataguassú a Pres.Epitácio, ou seja, 30 km, rodovia pavimentada com acostamento de pedras britadas, finas.

ÉPOCA DO ANO E CONDIÇÕES ATMOSFÉRICAS:
-Mês de janeiro,
-Temperatura aproximadamente em 30 graus com Sol alto, caindo sensivelmente à noite,
-Prováveis pancadas de chuvas.

ESTIMATIVA DE TEMPO (duração):
Uma semana.

PARTICIPANTES: (três)-
Dário do Amaral Trachta, 35 anos, 60 kg,
Evandro A.Trachta da Silva, 17 anos, 56 kg,
Dalibor do Amaral Trachta, 29 anos, 66 kg.

O B J E T I V O

O objetivo da caminhada consiste na aquisição de experiência nesse tipo de esporte, além de conhecimento mais aprofundado sobre a paciência e capacidade de espera de cada um.

Também, extrair da experiência conhecimentos sobre observação da natureza, sabendo explorar os seus detalhes e usar para isso todos os sentidos, bem como, transmitir todas essas sensações, através de palestras, fotografias e sugestões.

OBS: Todos os equipamentos necessários serão transportados em mochilas.
Durante o percurso existem diversos riachos intercalados por distâncias que varíam de 08 a 20 km.

Assim pensando, começamos a trabalhar no sentido de registrar o nosso grupo, com a denominação "Trachta Pesquisas – Ecologia e Cultura", para obter maiores condições para realização de nossos projetos que, a cada vez, tornavam-se mais ambiciosos e abrangentes. Nesse trabalho em busca de orientação sobre formalidades para se registrar um grupo dessa natureza, acabamos por fundar a Associação Batayporaense de Ecologia e Cultura, havendo elaborado o estatuto e formado a diretoria, não deixando de lado, porém, a ideia da Trachta Pesquisas que, na verdade, passaria a trabalhar em conjunto com os objetivos da associação e, doravante, com maior minuciosidade, já direcionando os trabalhos no sentido de se obter conhecimento e material didático para subsidiar as atividades da associação recém-fundada, ou seja, a realização de um trabalho de base, com relação aos problemas ecológicos e culturais.

Como se pode notar, a caminhada de cento e sessenta quilômetros tomou corpo e, após as lapidações necessárias, passava a ter um cunho ecológico bem maior que o tido quando do surgimento da ideia. Além disso, o sentido do roteiro foi invertido, tendo como ponto de partida a cidade de Presidente Epitácio/SP e como ponto de chagada a cidade de Batayporã/MS.

O empreendimento passou a ter um peso maior sobre nossas responsabilidades a partir do momento em que fora divulgado pela imprensa escrita e televisada da cidade de Dourados/MS. Com isso, aumentou o número de pessoas curiosas por saber se aquilo era mesmo verdade e se estaríamos dispostos a caminhar toda aquela distância, levando inclusive toda a bagagem necessária, ao que respondíamos afirmativamente, aumentando o compromisso dia por dia, até darmos conta de que a coisa não tinha mais retorno. Já havíamos ultrapassado a cancha que nos permitia recuar e desistir da ideia.

Após contatos estabelecidos com firmas e pessoas, conseguimos os patrocínios necessários para a realização da caminhada e passamos aos preparativos finais, quais sejam, a pintura dos respectivos emblemas nas camisetas, bonés e mochilas, os cálculos das distâncias entre os riachos existentes no roteiro a ser seguido e o estabelecimento dos últimos contatos de apoio.

Jornal: O PROGRESSO (Dourados)
Data: 02/11/1988
Página: 02 (dois)

Em defesa da ecologia, grupo quer andar 160 Km

Um grupo de voluntários defensores do meio-ambiente, de Batayporã, pequena cidade próxima a Nova Andradina, pretende fazer uma caminhada ecológica, de Presidente Epitácio, em São Paulo, a Batayporã, no Mato Grosso do Sul percorrendo uma distância de 160 quilômetros. O objetivo, segundo o coordenador Dário do Amaral Trachta, é sensibilizar a comunidade e os grupos econômicos que continuam explorando indiscriminadamente os recursos naturais e também sentir a repercussão desse movimento.

Por enquanto, três deles se mostram dispostos a caminhar os 160 km, mas o coordenador acredita que mais pessoas deverão aderir ao movimento. A saída está prevista para janeiro de 1989. Durante o percurso, os ecologistas pretendem ainda desenvolver pesquisas nos locais em que passarem, tirar fotos, denunciar a depredação do meio-ambiente e desenvolver inúmeras outras atividades voltadas à questão ambiental.

Dário já fez outras expedições ecológicas, desenvolvendo um audio-visual sobre os pontos mais bonitos que passou. Este trabalho por diversas vezes foi exibido em Batayporã. Ele defende inclusive a criação, na cidade onde mora, de uma fundação voltada às questões ecológicas e culturais, através da qual os movimentos neste sentido teriam maior respaldo, reforçando também a divulgação.

A partir do dia 2 de janeiro de 1989, tiveram início minhas férias. Estabelecemos, então, o dia 3 de janeiro para iniciarmos a caminhada, partindo de Presidente Epitácio com destino a Bataytorã, passando pelas cidades de Bataguassu e Anaurilândia, ambas no Estado de Mato Grosso do Sul.

Dia 1º de janeiro tudo estava pronto e acondicionado nas mochilas, permitindo que pudéssemos concluir que o peso estava além do que esperávamos, motivo pelo qual passamos a reavaliar a carga, tendo, ao final, retirado as redes de dormir, um farolete e um cobertor, o que de pouco adiantou, pois as mochilas ainda continuavam pesadas. Porém, agora tinha que ser daquele jeito mesmo. Foi então que surgiu o quarto e último integrante da equipe, meu irmão mais novo, o Henriquinho. Assim, a carga recebeu nova distribuição, não deixando, porém, de se constituir num fator que nos ameaçava de um belo fracasso, pois cada mochila estava pesando de 15 a 20 kg.

No dia 2 de janeiro seguimos para Presidente Epitácio, de onde, no dia seguinte, iniciaríamos a caminhada. Para essa viagem de ida para Epitácio utilizamos os bons préstimos da Prefeitura Municipal de Batayporã, que ofereceu um veículo oficial e motorista para o nosso transporte ao ponto de partida. Devido à necessidade de medirmos a distância real e principalmente definirmos os possíveis locais de paradas, essa viagem foi efetuada pelo mesmo itinerário da caminhada. Ao chegarmos a Epitácio constatamos, para o nosso "incentivo", que a distância fora acrescida de dezesseis quilômetros, pois, na realidade, eram cento e setenta e seis a serem caminhados.

Em Epitácio, nos hospedamos na casa do tio Nonda, onde passei praticamente toda a minha infância e grande parte da adolescência e com o qual aprendi quase tudo o que sei a respeito de navegação fluvial e observação da Natureza. Logo apareceu ali o tio Nelson, outro que nos deu grande apoio, inclusive no sentido de divulgação, já que se fazia acompanhar de um jornalista daquela cidade, o qual nos fez companhia durante o jantar e, num bate-papo informal, realizamos a entrevista sobre a caminhada e os seus objetivos, aumentando ainda mais o nosso compromisso com relação ao feito.

Página 8 — A Fronteira — Presidente Epitácio, domingo, 8 de janeiro de 1989

Écologistas fazem caminhada «Epitácio-Bataiporã»

Um grupo de jovens da Associação Bataiporaense de Ecologia e Cultura realizou esta semana uma caminhada de aproximadamente 180 quilometros, partindo de Presidente Epitácio, até a cidade de Bataiporã-MS, com o objetivo de estudar a natureza, a fauna e a flora da região.

Dário do Amaral Traenta, Dalibor do Amaral Traenta, Henrique do Amaral Traenta, Evandro do Amaral Traenta da Silva, todos de uma mesma família, decidiram fundar em Bataiporã-MS uma Associação Ecológica que é a ABE — Associação Bataporaense de Ecologia e Cultura, com o objetivo de preservar e proteger a fauna e a flora da região, defender a ecologia dos rios e florestas.

Dario o líder do grupo, é apaixonaro por ecologia, deixando claro que não é "fanático". Escrivão de Policia naquela cidade, nas horas vagas se ocupa de cuidar da natureza, juntamente com seu grupo de ecologistas que começa a receber adesão da juventude da cidade de Bataiporã-MS.

Fundada em 18 de dezembro de 1988, a Associação Ecológica de Bataiporã, segundo Dário tem como objetivo tratar de ecologia e cultura de um modo geral, sendo que a primeira meta é realizar um trabalho de conscientização de crianças, jovens autoridades e população em geral, no sentido de despertar em todos eles o respeito pela natureza.

O grupo já realizou várias expedições por rios da região, colhendo subsídios para palestras e pesquisando a fauna e a flora da região, estando assim bastante alarmados com a devastação de árvores nas margens dos rios, que vem acontecendo constantemente e impunemente na região.

Partiram na última terça-feira, dia 3 da nossa cidade, em direção a Bataiporã-MS onde deverão chegar hoje (domingo) por volta das 10,00 horas da manhã. Essa caminhada, é feita pela rodovia e posteriormente por algumas estradas vicinais, sendo que o grupo irá acampar em determinados locais, para pesquisar e estudar a fauna e a flora da região. Pretendem parar em algumas fazendas para conversar com colonos e peões, orientando-os para preservar a natureza, assim como querem adquirir novos conhecimentos sobre a maneira de viver, dessas famílias, fotografar e catalogar novos tipos de vegetação, animais etc...

Dário, o lider do grupo afirmou à nossa reportagem e fez questão de frisar que a Associação Bataiporaense de Ecologia e Cultura vem encontrando grande apoio da Prefeitura Municipal daquela cidade, participando e ajudando em todos os eventos e expedições que o grupo realizou, mesmo antes da fundação da Associação Ecológica.

O Dr. Jessé Euzébio de Souza, prefeito atual de Bataiporã, por intermédio da municipalidade patrocinou esta caminhada que o grupo está realizando fornecendo filmes, fogareiros, barracas, transportou os ecologistas numa viatura oficial até Pres. Epitácio, onde iniciaram a caminhada. Também colaboraram nessa expedição dos jovens ecologistas o Posto Irmão da Estrada, o Grupo Moura Andrade através do Sr. Fernando Prado, Kits Magazine, Supermercado Ibrahim Perez, que forneceram desde mochilas, e equipamentos até alimentação que os ecologistas necessitarão nesta expedição.

O grupo realiza um trabalho sério, de pesquisa, estudos, cultura e já tem material suficiente para realizar palestras em escolas, clubes, associações, no sentido de alertar a população e autoridades para o desmatamento indiscriminado e a destruição da fauna e da flora que vem ocorrendo em todo o Oeste paulista e no Mato Grosso do Sul.

Um dos fatos mais graves que os ecologistas de Bataiporã apontam é a caça indiscriminada e cita como exemplo a grande apreensão de papagaios e periquitos, que são aprendidos por colonos e fazendeiros sendo vendidos ao preço de Cz$ 1.500,00 cada para intermediários que os revendem em grandes centros por até Cz$ 20 mil cada. Isto vem provocando uma destruição indiscriminada dessas aves, que antigamente existiam em grande quantidade na região.

O grupo após essa caminhada, pretende desenvolver um intercâmbio com Associações Ecológicas do Mato Grosso do Sul, Mato Grosso e São Paulo, desencadeando uma campanha através de cartazes, filmes, palestras com o objetivo de despertar e alertar a todos para a preservação da fauna, flora e proteção à natureza.

Ao nos recolhermos para o descanso, após efetuarmos as derradeiras arrumações e estarmos cientes de que iríamos enfrentar o maior de todos os desafios a que já nos havíamos lançado, o Dalibor, espirituoso como ele só, teceu o seguinte comentário:

— Ei, Dário! Estou aqui pensando...

— E em quê?

— De todas as expedições que você fez eu não participei de nenhuma e justamente a que eu invento de participar vai nos ralar todinhos! Ai, meu Deus do céu...

— É, mano, mas agora já não há retorno. Vamos ver como vai ser a partir de amanhã.

— Eu acho que vai ser fogo!

Após isso, adormecemos.

* * *

— Dalibor!

— Humm...

— Acorda, já está na hora! Vamos acordar os outros e nos preparar para começar o nosso martírio.

— Ah! Disso eu tenho certeza. Vai ser mesmo fogo essa caminhada.

Enquanto isso, o Henriquinho e o Evandro também acordaram e, após nos aprontarmos, o Evandro preparou o café da manhã bem reforçado, pois aquele primeiro dia de caminhada ia ser puxado, já que estava em nossas pretensões chegar a Bataguassu, distante quarenta e um quilômetros dali.

O Dalibor deu uma olhada para mim e o Henriquinho, apontando para o lado de nossos copos, mostrando, com ar de riso, as pílulas de óleo de alho e levedo de cerveja que o Evandro ali depositara para cada componente da equipe.

— Do que é que você está rindo, tio! Nós vamos precisar disso durante a caminhada, ora...

— Eu somente estou rindo é dessa formalidade toda. Parece até que estamos em um restaurante "chique".

Nesse momento, Evandro estava esquentando alguns ovos, os quais ficaram mais para cozidos do que para quentes, fato que já foi motivo para uma pegação no pé do cozinheiro, mas tudo dentro de um espírito de muita confraternização.

Em meio àquela movimentação matinal, o tio Nonda também levantou e passou a mão no telefone.

— Alô! Nelson, os andarilhos já estão se preparando para partir...

Alguns minutos após, ali chegou o tio Nelson para uma foto histórica e também desejar nosso sucesso.

05:30 h, dia 3 de janeiro de 1989, tudo pronto, mochilas ajustadas, olhares confiantes, mas no íntimo alguma dúvida. Já na rua, em frente da casa, nos demos às mãos e gritamos: "Em nome de Deus, da ecologia e da determinação para os bons propósitos, nos iremos conseguir!". E assim iniciamos os primeiros passos para vencer os cento e setenta e seis quilômetros que se posicionavam à nossa frente.

Capítulo II

UM INIMIGO CHAMADO INEXPERIÊNCIA

Logo na primeira esquina, tivemos que parar a fim de reajustarmos as mochilas que já apresentavam o primeiro problema, ou seja, as fivelas das alças de sustentação não seguravam o suficiente, o que implicaria no fato de termos que ajustá-las de tempo em tempo. Aquilo foi, também, o primeiro sintoma de que a coisa iria ser realmente muito difícil.

Até então não tínhamos a certeza de que conseguiríamos vencer tal desafio e aquele primeiro dia nos traria uma série de respostas nesse sentido, pois era o real dia da experiência. Era ali que sentiríamos, na prática, a grande maioria das alterações físicas e psicológicas que sofreríamos durante a viagem, bem como teríamos melhores condições para efetuarmos uma avaliação mais objetiva quanto ao fato de se conseguir ou não o que propúnhamos. Em princípio, tínhamos que conseguir, e todos nós estávamos dotados desse propósito. Ali era um por todos e todos por um.

O dia ainda não estava totalmente claro, estava nublado e caía uma fina garoa que, de certo modo, até nos ajudava, já que mantinha a temperatura bastante agradável. Caminhávamos pela marginal do rio Paraná e aqueles primeiros quilômetros eram um teste decisivo, pelo que, à medida que obtínhamos informações através de nossos corpos, já tecíamos as primeiras avaliações.

— É, pessoal, uma coisa que vai ser muito exigida em nós é o músculo do pescoço. O meu já está doendo!

— Henriquinho! O seu ombro não está doendo? — perguntou Dalibor.

— Por enquanto não está doendo nada.

— E você, Evandro, está se sentindo bem?

— Estou.

— Olha, pessoal, o negócio é o seguinte... — disse eu, então. — Vamos caminhar devagar e sempre que qualquer um de nós estiver muito cansado, os outros irão esperar. Não vamos querer dar uma de heróis, senão nada vamos conseguir.

Estávamos também adaptando-nos ao peso e ao incômodo causado pelas mochilas, as quais, gradativamente, iam apresentando seus probleminhas. Por exemplo, as duas mochilas novas possuíam uma armação de canos de alumínio com algumas travessas, sendo que a travessa da parte inferior se posicionava sobre a extremidade da coluna e não havia meio de se evitar isso, mesmo que ali tivéssemos um travesseiro. Aquele maldito ferrinho causava um incômodo preocupante. As outras duas mochilas não possuíam qualquer armação e por isso não apresentavam esse problema, porém, eram bastante desajeitadas e não tinham firmeza sobre os ombros. Naquele momento, eu e o Evandro transportávamos as mochilas novas, enquanto que o Dalibor e o Henriquinho levavam as outras mochilas.

— Nós temos que chegar à ponte antes das nove horas — preocupou-se Evandro —, pois o pessoal da TV vai passar por lá a essa hora.

— Fique frio aí Evandro, nós chegaremos à ponte daqui a pouquinho. Quando for nove horas já estaremos do outro lado do rio.

Do ponto de partida até a ponte, pela marginal do rio Paraná, são aproximadamente oito quilômetros de estrada pavimentada que oferece vários mirantes para o rio e para o Estado de Mato Grosso do Sul, do outro lado. Devido ao tempo chuvoso que fazia naquele início de dia, perdemos a oportunidade de fazer boas fotografias e o pouco que fizemos foi a título de documentar nossa passagem por ali.

Nos primeiros sete quilômetros andados, os meus pés já apresentaram sintomas de bolhas-d'água, pois eu estava usando um par de tênis novos, sobre o que já me haviam dito que não era aconselhável.

— Henriquinho, quando chegarmos à ponte vamos fazer uma parada, pois os meus pés já estão com bolhas e eu tenho que trocar os tênis.

— Por enquanto eu estou beleza, mas não tem problema, a gente para, você coloca um curativo, troca os tênis e pronto.

Logo ao início da ponte existe um posto de gasolina, onde efetuamos uma parada para que eu fizesse a troca de calçado e melhor acondicionássemos as mochilas, cobrindo-as com sacos plásticos para que ficassem livres de umidade, já que a chuva começava a ficar mais intensa e não poderíamos submeter certas coisas e equipamentos à umidade, tais como roupas de troca, mantimentos, equipamentos fotográficos, documentos etc.

Naquele posto, estabelecemos conversa com um frentista, o qual, ao tomar conhecimento sobre o nosso intento, limitou-se a comentar: "Ceis tão é doidos!". Porém, após especular mais sobre a caminhada, passou a achar que poderíamos conseguir e isso, logicamente, nos serviu de mais ânimo, pois àquela altura dos acontecimentos é como se estivéssemos tateando o terreno e avaliando nossas possibilidades.

Feito isso, reiniciamos a caminhada e, sob uma chuva fina, passamos para o Estado de Mato Grosso do Sul, através dos 2.550 metros da ponte Professor Maurício Joppert.

Já em nosso Estado, passamos pela Polícia Rodoviária e também a Federal sem que ninguém nos parasse para perguntar o que quer que fosse. Continuamos a caminhada usando o acostamento de contramão e apreciando a bela paisagem oferecida pela região do Porto XV de Novembro, paisagem essa constituída de grandes varjões com diversas áreas de matas e lagoas, onde, ainda hoje, se pode apreciar as garças, jaburus e até colhereiros, entre outras aves que se alimentam de pequenos peixes que habitam as lagoas. Em termos de flora, aquela paisagem tem bastante a oferecer, já que sua consistência permanece praticamente ao natural e retrata, especialmente para mim, a imagem física de Mato Grosso do Sul. Ali a rodovia está construída sobre um aterro, o que nos dava condições de um visual mais amplo de toda aquela natureza[1].

1. A paisagem descrita encontra-se atualmente submersa pelo lago da Hidrelétrica Sérgio Motta (Primavera), e a rodovia, em novo traçado, está pavimentada sobre um grande aterro.

Caminhávamos ao deleite daquele visual, quando fomos alcançados por uma equipe da TV Bandeirantes de Presidente Prudente/SP, cujos componentes nos ultrapassaram e, logo mais adiante, fizeram o contorno e se prepararam para efetuar a reportagem.

— E não é que vieram mesmo! — comentou Dalibor. — Vamos aparecer na televisão. Que legal!

— Aí, tio Dario, prepare-se para a entrevista e vamos ver se fala bonito, heim? Ao final das contas estará representando a Trachta Pesquisas.

— Fique gelo aí, vamos manter a naturalidade e disfarçar o cansaço, OK?

— Dario, pegue a máquina fotográfica e faça de conta que está fotografando a paisagem — recomendou Henriquinho. — E aproveite para tirar uma foto do pessoal.

— Muito bem lembrado.

A TV fora contatada pelo Evandro, o qual, dentro de outras funções na equipe, é o relações públicas da Trachta Pesquisas. Para o trabalho que estávamos desenvolvendo, quanto mais divulgação conseguíssemos, tanto melhor, pois todo o nosso sacrifício seria em vão, caso não fosse divulgado. Era através da imprensa que pretendíamos atingir os nossos objetivos, os quais, nada mais eram do que chamar a atenção do maior número possível de pessoas para os problemas ecológicos que atingem desordenadamente o nosso país.

Além disso, pretendíamos levar a público denúncias a respeito de vários crimes praticados contra o meio ambiente da região, tais como o desmatamento e o reflorestamento que, apesar de regulamentados, são incorretos, e, especialmente, sobre um dos mais desumanos crimes que se pratica contra a fauna, ou seja, a apanha de filhotes de aves, tais como papagaios, periquitos, araras e outras, causando, assim, uma interrupção esmagadora ao surgimento de novas gerações, além de aniquilar toda uma espécie, problema esse que já toma dimensões alarmantes, vez que, sendo causa de comércio negro, passou a figurar no rol dos crimes organizados, no qual a especulação e a corrupção se aliam e correm lamentavelmente soltas.

Embora nossa caminhada pudesse aparentar mais uma atividade desportiva, dada a forma como se realizava, tinha na verdade como seu motivo mor a defesa ambiental, não deixando, no entanto, de ser explorada esportivamente, e mais ainda no sentido de conhecermos melhor a cada um de nós.

Portanto, o comparecimento e a cobertura da TV eram bem mais importantes do que simplesmente uma reportagem de autopromoção.

Nessa oportunidade conhecemos o Braga, repórter daquela equipe, o qual, após várias tomadas de imagem pelos "câmeras", realizou uma curta entrevista, através da qual procurou dar mais ênfase ao lado ecológico do que ao lado desportivo de nosso empreendimento.

Para a entrevista foram feitas repetidas cenas que nos obrigavam inclusive a caminhar e voltar por várias dezenas de metros, o que infalivelmente já motivou alguns comentários entre os ecologistas.

— Eu acho que esses caras estão é gozando com a gente — arriscou Dalibor, sendo respondido pelo Henriquinho e Evandro.

— Se nos mandarem voltar mais uma vez, vou mandá-los para a...

— Calma, gente! O trabalho deles é assim mesmo. Estão procurando fazer uma boa reportagem[2].

— É que eles não estão sentindo o peso da minha mochila.

Ao término da reportagem, chegou o tio Nelson a fim de verificar se tudo estava correndo bem. Certificando-se disso, foi embora, assim como o pessoal da televisão, deixando-nos novamente a sós com nossa caminhada.

Àquela altura havia parado de chover, porém o tempo ainda continuava nublado, o que era bom para nós, posto que tínhamos vários quilômetros a andar até chegarmos ao restaurante "Amigo da Estrada", onde teríamos o almoço, como cortesia da casa.

Já retomada a normalidade da caminhada, o Evandro começou a mostrar os primeiros sintomas de cansaço e foi diminuindo o ritmo, quando então o Dalibor solicitou que parássemos.

— Eu acho que o Evandro não vai aguentar, pois está com dor no mesmo pé que um tempo esteve gessado.

Foi quando me recordei de que realmente o Evandro teve qualquer problema com relação à consistência de um de seus pés.

---

2. A reportagem feita pela equipe de Presidente Prudente foi levada ao ar no Jornal Nacional da TV Bandeirantes.

— Puxa, se eu tivesse me lembrado disso não permitiria a participação do Evandro. Provavelmente ele não vai mesmo aguentar!

Aquilo nos preocupou, já que o Evandro era um dos mais entusiasmado da equipe.

— Como está o pé, Evandro?

— Está doendo um pouco, mas se caminharmos mais devagar eu acho que posso aguentar.

— Está bem! — disse Dalibor. — Vamos trocar as mochilas, pois a minha, embora um pouco desajeitada, parece que está mais leve.

O Evandro tem uma determinação incrível e, portanto, não seria nada fácil fazê-lo desistir. Assim, tentamos ao menos conscientizá-lo sobre uma possível desistência, explicando que um esforço acima de nossas possibilidades não teria qualquer sentido.

Por esse motivo tivemos que efetuar diversas curtas paradas, o que, além de causar um natural atraso, minava nossa resistência acentuadamente.

Em um desses momentos de parada, encontramos jogada no acostamento uma caixinha de papelão com vários furos e amarrada com um barbante. Através de restos de fezes e algumas penugens que a mesma continha, percebia-se que servira para o transporte de algum filhote de papagaio que, provavelmente, morrera antes de chegar ao destino.

Aproveitei para fotografar aquilo que se resumia numa autêntica prova de um crime ecológico, pois, assim como em outras expedições, um dos meus trabalhos na caminhada era o de montar um audiovisual/documentário para ilustrar e subsidiar palestras e outras atividades de cunho ecológico.

Eu tinha toda a certeza de que no transcurso da caminhada iria ter a oportunidade de fotografar a sequência retroativa daquele crime.

Outro fato a se lamentar e que já se observava naquele início de caminhada é a grande quantidade de pequenos animais que diariamente são mortos nas rodovias. Quero acreditar que, senão todos, pelo menos a maioria tem suas vidas finadas acidentalmente, o que, também acredito, poderia ser amenizado se os motoristas tivessem um pouco mais de cuidado e respeito à vida, não se importando se o que passasse por seu caminho fosse um ser humano ou um bicho.

— Tio Dario! Será que ainda falta muito para se chegar ao "Amigo da Estrada"?

— Ah... deve faltar uns dez quilômetros ainda... E o pé? Como está?

— Está doendo um pouco, mas eu acho que dá pra continuar. A dor está estacionada.

— Bem, vamos ver como estará ao chegarmos no "Amigo da Estrada". Se não estiver em condições, você vai para casa, está bem?

— Eu acho que não vai haver problema.

— Ei, Dario! Olha lá um jacaré na lagoa. Tire uma foto! — solicitou Henriquinho.

— Está muito longe. Mas não resta dúvida de que se trata de um jacaré erado.

— Nesses varjões deve ter cada baita dum jacaré. Veja! O lugar é típico deles!

— É... E deve morrer um bocado deles, atropelados, quando tentam atravessar a rodovia para irem a outras lagoas. Lá para trás eu fotografei os restos de um deles. Você viu?

— Vi.

Era por volta das 11:30 h quando chegamos à cobertura do futuro posto de pedágio[3], onde paramos para um rápido descanso na sombra. O sol começava a mostrar suas manguinhas, e ali corria uma brisa muito convidativa para um cochilo, o que era dificílimo resistir, pois devido ao peso das mochilas estávamos perigosamente sucumbindo ao cansaço físico. Esse foi um detalhe pouco considerado em nossos planos e àquela altura já estava cobrando o seu preço.

---

3. O local onde se encontrava a cobertura do futuro posto de pedágio, atualmente é onde estão instalados os postos de fiscalização da Secretaria de Fazenda do Estado de Mato Grosso do Sul e também onde se tem a margem do lago da Hidrelétrica Sérgio Motta.

O Henriquinho, já acostumado a esforços físicos e sabedor de que aquelas paradas minavam nossas energias, advertiu:

— Pessoal, vamos andar! Essas paradas esfriam a gente e depois fica muito mais difícil. Não está tão longe agora, e lá a gente descansa mais à vontade.

— É mesmo. Vamos andar!

Realmente, as paradas constantes minavam nossas forças e quando reiniciávamos os passos nossas pernas doíam como o diabo, até o corpo ser novamente aquecido.

— Como é que você está, Henriquinho?

— Estou bem. Só o meu pé é que está doendo um pouco, mas não tem problema.

Logo em seguida chegamos ao povoado chamado Reta Um[4], quando, em sentido contrário, um automóvel Fiat com

4. Limitando-se com a Reta Um, entre esse povoado e a margem do lago da hidrelétrica, atualmente existe uma cidade construída pela CESP, denominada Nova Porto XV, para onde foram transferidos os habitantes do Porto XV de Novembro, que se localizava às margens do rio Pardo, próximo à sua foz no rio Paraná, hoje submerso no lago.

para-brisa quebrado passou por nós e seu condutor acenou com as mãos e soltou um grande grito de ânimo. Esse fato revigorou psicologicamente nossas energias.

— Quem era o cara? — perguntei.

— Não conheço — respondeu Dalibor. — Mas o grito dele valeu um bocado. Já estava que não me aguentava.

Enquanto paramos um pouco, o Henriquinho foi até um açougue pedir água para encher os cantis, e depois seguimos até ao restaurante "Amigo da Estrada", alguns quilômetros mais adiante.

À vista do restaurante, a tendência era aumentarmos o ritmo das passadas, porém, tínhamos que controlar aquele impulso. Então, os últimos metros pareciam intermináveis e aumentavam a ansiedade de pararmos, sentar em uma cadeira, esticar as pernas, derrubar ao chão as mochilas, saborear um almoço e descansar por algumas horas. Já eram 13:40 h.

Fomos recebidos pela esposa do Sr. Valdir, proprietário do restaurante, a qual nos indicou uma das mesas e autorizou que nos servíssemos à vontade, pelo que alertei aos demais:

— Pessoal! Não comam carne. Limitem-se a comer salada, pois nosso organismo está alterado em decorrência dessa caminhada de vinte e sete quilômetros até aqui.

— Ah! Você vai me desculpar, mas eu vou comer carne sim! — retrucou Dalibor.

— Eu também vou comer carne — completou o Henriquinho.

Quanto ao Henriquinho eu não faria qualquer tipo de restrição nesse sentido, já que era habituado a se submeter a esforço físico e, portanto, o seu organismo não estava, naquele momento, tão alterado quanto o meu, o do Dalibor e o do Evandro. Já com referência ao Dalibor, eu precisava insistir, pois ele não é dado a avaliar os fatos e efetuar um controle mais racional sobre as medidas a serem adotadas em determinadas situações. É daqueles que precisa ver para crer.

O Sr. Valdir já havia tido conhecimento a respeito de nossa caminhada, algum tempo atrás, pelo Dalibor, e havia colocado à nossa disposição o seu restaurante, tanto é que já estavam à nossa espera para aquele dia. O restaurante "Amigo da Estrada", com modernas instalações, serve refeições no sistema de rodízio e é evidente que deveríamos exercer um controle violento sobre nossa vontade de saborear cada pedaço de todos os tipos de carne que ali eram servidos, justamente para não sermos vítimas de um desequilíbrio estomacal, o que seria indubitavelmente fatal para o que estávamos realizando ou, pelo menos, tentando realizar.

Passei pela estufa de verduras e legumes e servi fartamente o meu prato. Dirigi-me a uma das mesas onde já se encontrava o resto da turma, quando pude observar que o Dalibor já saboreava um arroz com feijão à espera da carne que logo em seguida passou a ser servida, tendo o mesmo aceito linguiça assada e um suculento cupim. Achei que deveria intervir para o bem da caminhada.

— Dalibor, pelo amor de Deus, não faça isso!

— Que não faz o quê! Isso está uma delícia... e ademais eu estou com fome!

— Tio Dalibor, hoje a gente deveria comer somente alimentação leve.

Nesse momento chovia torrencialmente. O Sr. Valdir, que acabara de chegar, nos cumprimentou e mencionou que poderíamos pernoitar ali, informando inclusive que já havia providenciado um aposento para nossa equipe. Aquele convite foi outra coisa tentadora, porém nossa meta para aquele dia era a cidade de Bataguassu e ainda tínhamos bastante tempo até o anoitecer.

Naquela oportunidade eu senti que realmente estávamos nos limites de nossas resistências, já que ao tentar pegar uma garrafa de água que estava sobre a mesa senti uma considerável dor nos músculos do ombro, pelo que comentei com os companheiros:

— Pessoal, eu acho que estamos travados!

— É que o nosso corpo esfriou — comentou Henriquinho.

— Será que vamos conseguir?

— Claro que vamos! É só descansar um pouco e já estaremos prontos para prosseguir.

— Hi! Já vem você, Evandro, com essas pílulas!

— Ei, mas você é bem cabeça-dura, heim, tio Dalibor! Essas pílulas são necessárias para nós. Quando você vai entender isso?

O Evandro é uma pessoa minuciosa e cumpridor rigoroso de tudo o que se combina para qualquer evento e, portanto, sendo o responsável pela parte de medicamentos, não deixava passar em branco os horários de nos precavermos contra uma possível gripe, bem como de complementar nossa alimentação.

Havíamos acabado de almoçar e o Dalibor estava incontrolavelmente sonolento, praticamente dormitando sobre a mesa. Se alguém não estivesse do seu lado para impedir que isso acontecesse, certamente teríamos a clássica cena do bêbado adormecido à mesa de um botequim. Logicamente que ali não era local para se permitir um espetáculo desses.

— Eu bem que avisei... "Não coma carne!". Comeu. Está aí o resultado. E tomara que seja somente esse o resultado.

— Você tá mesmo com sono, Dalibor?

— Humm... tá de lascar!

— O negócio é a gente levantar e dar uma andada por aí.

Foi o que fizemos. Meio capengando passamos a circular pelo restaurante até que nos sentamos na varanda da frente e ficamos a observar a chuva, que agora caía fina. Ali permanecemos por um bom espaço de tempo até que o Henriquinho teve a ideia de fazermos um som.

— Dario, pegue o violão e faça um som para nós.

— É mesmo, tio Dario! Enquanto isso eu vou preparar um chimarrão.

— Ô, seo Valdir! A gente pode cantar alguma música aqui?

— Pode sim. Estejam à vontade. A casa é de vocês.

Entre um chimarrão e outro, afinamos o violão com o som da gaita e nos pusemos a cantar algumas canções, tais como *Chalana*, *Mágoa de Boiadeiro*, algumas guarânias e também composições ecológicas de minha autoria, como *Martin Pescador*. E nesse tipo de descontração passamos o tempo suficiente para que estivéssemos novamente em condições de continuar a caminhada pelos catorze quilômetros que ainda restavam para chegarmos a Bataguassu. Condições psicológicas, pelo menos.

— E aí, rapaziada, vão seguir hoje mesmo? — perguntou o Sr. Valdir.

— É, queremos chegar a Bataguassu.

Até ali havíamos caminhado em terreno plano, já que a topografia do Estado de Mato Grosso do Sul às margens do rio Paraná está constituída de extensas planícies e alagadiços, dando mostras de que há algumas centenas ou milhares de anos toda a planície ali existente era leito do rio.

O restaurante "Amigo da Estrada" está localizado aproximadamente a dezessete quilômetros da margem do rio Paraná, na rodovia que adentra ao Estado, praticamente num sentido perpendicular ao rio, o que nos dá uma ideia sobre a largueza que antigamente poderia haver tido o rio Paraná. A partir dali começava o real barranco do Estado[5], caracterizado por um terreno mais acidentado, com subidas longas e descidas mais curtas, levando-se em consideração o sentido de direção de nossa caminhada.

Assim sendo, a partir do momento em que deixássemos aquele ponto, estaríamos ingressando numa outra fase de experiência dentro de nosso projeto, pois as subidas e as descidas nas quais iríamos caminhar desde então, certamente nos causariam outro tipo de desgaste. Iríamos sentir como se comportariam nossos corpos após o descanso de algumas horas.

O conhecimento sobre como seria o nosso comportamento durante e logo depois daqueles catorze quilômetros restantes até Bataguassu era de fundamental importância para se efetivar uma avaliação mais definitiva sobre nossas possibilidades em relação aos próximos dias de caminhada.

— Seo Valdir! Vamos nos reunir com o restante do pessoal para uma foto que fará parte de nosso trabalho?

— Ah, sim, como não! Será que não vai queimar? Só tem gente feia por aqui. Ah! Ah! Ah!

— Aí é que ela sai boa, seo Valdir! Atenção... Click![6]. Pronto.

---

5. Tal conclusão não está dotada de qualquer embasamento científico, mas pura e simplesmente na imaginação empírica de quem observa a natureza e tenta encontrar explicações para o aspecto físico de determinados locais.

6. Som de máquina fotográfica disparando.

Após a tomada da fotografia, passamos aos preparativos finais para a segunda partida.

— Puxa! Mas essas mochilas de vocês estão muito pesadas. Não vai ser fácil, heim? Mas nós estaremos torcendo por vocês — animou o Sr. Valdir.

— Até logo, seo Valdir. Obrigado pelo grande apoio que nos dedicou e desculpe alguma brincadeira da gente. Até outro dia, pessoal!

— Até logo. Aqui vocês serão sempre bem-vindos e não há o que desculpar. Boa sorte e sucesso, rapaziada!

Desta forma reiniciamos a caminhada, ainda, naquele primeiro dia, tendo agora subidas e descidas à nossa frente, além das dúvidas sobre como nos comportaríamos dali em diante.

— E aí, Henriquinho? Como está? — perguntei.

— Somente o meu pé é que está incomodando um pouco. Acho que já tenho algumas bolhas nos dedos, mas está dando pra aguentar.

— Você não quer experimentar uma troca de calçado ou colocar um curativo?

— Não. Em Bataguassu eu faço isso.

— É, mas até lá seu pé pode estourar.

— Também não está tão ruim assim!

— Evandro! Dalibor! Como é que vocês estão?

— Eu estou bem, somente um pouco cansado e com um pouco de dor nas pernas.

— O meu pé já está doendo menos do que estava no começo — disse Evandro.

Àquela altura eu estava começando a me preocupar com o Henriquinho, pois ele não é de reclamar e quando diz que alguma coisa o está incomodando, em termos de dor, é porque aquilo já ultrapassou os limites de tolerância. Então passei a observá-lo com mais atenção e tive a impressão de que, em alguns momentos, ele mancava. Sua mochila estava mais pesada que as outras, se bem que de todos nós o Henriquinho era o mais avantajado fisicamente, porém, se aquele problema do pé se tornasse mais sério, possivelmente ele teria que desistir.

Embora muito preocupado, eu estava confiante, movido mais pela vontade do que pela certeza de que iríamos conseguir. Caso esses primeiros sintomas de dores nos pés, pernas e ombros não se agravassem, iríamos conseguir. O importante era não haver desistências, pois isso tornaria as coisas bem mais difíceis, já que qualquer quilo a mais em nossa bagagem nos faria ceder, em definitivo, ao esgotamento físico.

Eu estava me sentindo relativamente bem. Somente o que me incomodava, e bastante, era a dor que sentia nos ombros desde os primeiros quilômetros da caminhada, dor essa que, embora estacionada, deixava-me com sérias dúvidas a respeito de como estaria nos dias seguintes. E pensar que ainda tínhamos uma semana ou mais pela frente para andar todos os dias! Era um pensamento que não deveria fazer parte de nosso consciente, sob risco e pena de sucumbirmos ao desespero e abandonarmos o projeto, o que seria revertido em grande prejuízo para a credibilidade com a qual sempre procuramos dotar todas as nossas expedições.

Ao iniciarmos a primeira subida, comecei a sentir dores na altura da virilha e, logo após, na planta dos pés. Esses sintomas, novos até então, fizeram com que eu concluísse que até ao final do dia, quando parássemos para um descanso mais prolongado, haja vista que pernoitaríamos em Bataguassu, teríamos conhecimento sobre todas as alterações físicas que sentiríamos durante a caminhada.

O Dalibor, já pelo fato de ser o mais espirituoso do grupo, era certamente o que, de imediato, comunicava qualquer sintoma que ocorria consigo, além de insistir sobre a comunicação dos demais.

— Ai... mas essa subida é de lascar! Minhas pernas tão doendo de um tanto! As de vocês não estão doendo?

— As minhas estão doendo um pouco, porém isso é normal. O que realmente está me incomodando bastante é a dor que sinto nos ombros e nos músculos do pescoço — respondi.

— Em mim o que está doendo é somente o pé. A esta altura as bolhas já estouraram todas.

— Henriquinho, por que você não troca de calçado e coloca um curativo?

— Em Bataguassu eu faço isso. Não se preocupem.

O Evandro vinha seguindo um pouco mais atrás, já de boca aberta.

— Tudo bem aí, Evandro?

— Ah, ham...

— Como está o pé?

— Tá bom.

— Lá no topo da subida vamos dar uma paradinha.

Chegando ao topo aproveitei para fazer algumas fotografias. De onde agora estávamos, tínhamos uma visão panorâmica de quase todo o trecho que havíamos percorrido até aquele momento.

Dali em diante passamos a prestar mais atenção a todos os veículos que trafegavam pela rodovia e começamos a distribuir acenos, o que era animadoramente correspondido.

— O que será que pensa esse pessoal que passa por nós? — interessou-se Dalibor.

— Certamente devem imaginar que somos algum grupo de desportistas que está fazendo algum exercício. Mas, com certeza, não devem imaginar que estamos pretendendo cobrir uma distância de cento e setenta e seis quilômetros.

— Ué, Dario! Às vezes eles já estão sabendo de nossa caminhada. Não se esqueça de que bem antes de começarmos isso tudo, o jornal de Dourados já havia publicado qualquer coisa — comentou o Henriquinho.

— Bem, tio! Você ouviu o Braga dizer que na televisão poderia sair hoje ou amanhã.

— Mas ainda não saiu. E se sair hoje, será somente à noite.

— Como é que foi a filmagem, tio Dalibor? Fala para o tio Dario!

— Atenção Braga!... Rodando... Braga... corta!! Vai, Braga! Gravando... Corta!...

— E como é que o Braga falou para o tio Dario?

— Olha, companheiro! Sua resposta foi excelente, porém você se esqueceu de um detalhe: não olhou para a câmera!

— Será que vai mesmo sair na televisão? Os caras fizeram umas tomadas bem interessantes. Vocês notaram aquela em que filmaram somente os nossos pés?! Aquilo deve ficar bem bacana.

— Tio, a que horas será que vamos chegar a Bataguassu? Talvez até dê tempo para assistirmos ao jornal da Bandeirantes.

— É. Provavelmente chegaremos lá pelas sete horas.

— Ai, meu Deus! Vamos dar uma paradinha. Já não estou mais aguentando. Vou tomar um pouco de água.

— Olha, o negócio é a gente não dar essas paradas. Vamos aguentar mais um pouco e chegar de vez.

— É mesmo, gente! O Henriquinho tem razão. A cada parada fica mais difícil recomeçar. Vamos nos esforçar um pouquinho mais para chegar logo. O negócio é a gente pensar que daqui a pouco vamos tomar um banho e dormir. Ah! O que eu mais quero nesse momento não é nem banho nem janta, é deitar numa cama ou num colchão simplesmente e dormir, dormir e dormir.

Nisso passou um caminhão carregado de carvão, buzinando e dando sinais de luzes.

— Vocês viram só?! — gritou entusiasmado o Henriquinho. — É o caminhão do Alonso. Vai indo para São Paulo, e a mãe da Glorinha vai indo com ele!

— Aí, tio Cucú! Matou a saudade da sogra, heim?!

— Hipiuuú! Agora consigo andar outro tanto!

É incrível como é animador qualquer tipo de aceno que se recebe quando estamos em situações nas quais somos arduamente exigidos física e psicologicamente. E quando isso parte de pessoa que a gente já conhece, é realmente revigorante. Quando pensamos que estamos ao final de nossas energias, percebemos que ainda temos algumas reservas que poderão nos levar ao objetivo.

Do topo de uma subida avistamos Bataguassu. Entre nós e a cidade ainda existiam uma descida e uma subida. A maior delas até então. Estávamos nos nossos limites e eu sentia dores por todo o corpo. Cada pequena pedrinha no chão era um transtorno para os meus pés. Os ombros pareciam estar prestes a entrarem num colapso muscular. Meus companheiros também não estavam bem. O Henriquinho agora mancava acentuadamente, enquanto que o Dalibor vinha tecendo um rosário de lamentações e o Evandro caminhava com a boca aberta em uma expressão de dar dó. Mesmo que não quiséssemos parar, nossa consistência muscular a isso nos obrigava. Foi quando eu passei a observar que era bem mais produtivo, ao invés de efetuarmos paradas em que tirávamos as mochilas dos ombros, simplesmente jogá-las sobre as costas e, mantendo as pernas retesadas, abaixar o corpo por uma dezena de segundos. Esse sistema, além de economizar tempo, surtia melhor efeito. Naturalmente que de imediato passei essa descoberta aos demais componentes da equipe.

Por volta das 19:00 h ou pouco mais, chegamos em Bataguassu. Chegamos entre aspas, pois, da entrada da cidade até a casa da Claudia, ainda tínhamos que andar cerca de um quilômetro, o que àquela altura era uma distância imensa e, acrescida nos quarenta quilômetros que já havíamos caminhado naquele dia, podendo até parecer uma coisa insignificante em outras situações, na nossa situação representava, e muito.

Claudia era o nosso contato em Bataguassu. Uma garota muito simpática e atenciosa, a qual nos fora indicada pelo padre daquela cidade, no dia anterior, quando estávamos nos dirigindo para Presidente Epitácio. Claudia se comprometera em conversar com outros componentes do grupo de jovens, no sentido de providenciarem alimentação e alojamento para nossa equipe durante a estada em Bataguassu.

Tão logo chegamos a sua casa, ela percebeu que estávamos de arrasto.

— Puxa vida! Vocês devem estar mortos de cansaço. A Gilmara ligou para vocês?

— Não.

— Oh, meu Deus! Como ela é esquecida! Mas não tem problema, a gente dá uma chegadinha na casa dela. Vocês podem deixar as coisas aqui e se algum de vocês preferir aguardar aqui em casa, fiquem à vontade. Tá bom?!

— Ah! Eu não vou dispensar essa gentileza. Dalibor! Vão você e o Evandro com ela. Eu e o Henriquinho vamos dar um tempo por aqui.

— Tá legal.

Já sentados nas cadeiras da varanda, eu e o Henriquinho iniciamos nossas respectivas avaliações.

— Rapaz, eu tô num prego! O meu ombro tá que eu não aguento.

— Hum... E eu! Meu pé chega tá latejando!

— Eu acho que você forçou demais, Henriquinho. Você deveria ter colocado um curativo logo que o problema começou.

— As bolhas até que não estão perturbando. O que está começando a doer é esse nervo aqui do calcanhar.

— Tá doendo muito?

— Não. Não tá doendo muito, mas tá enchendo o saco.

— Daqui a pouco a gente faz uma boa massagem e vamos ver como estaremos amanhã. Você acha que dá pra continuar?

— Eu acho que sim, Dario. Vamos ver amanhã.

— Aí vem chegando o pessoal!

— Olá, gente! Como estão?

— Tão cansados que será um martírio levantarmos dessas cadeiras — respondi.

— Essa aqui é a Gilmara. Gilmara, esses são o Dario e o Henriquinho. O Dario foi quem nos botou nessa fria.

— A é? Olá pessoal!

— Olá, Gilmara! Como vai?... Splish, splesh![7]

A Gilmara também se mostrou bastante atenciosa para conosco e isso, de certa forma, amenizava nossas dores, pois a recepção estava sendo muito boa e nos deixava como se estivéssemos em casa.

Já estava tudo providenciado. Iríamos nos alojar em um salão, na Casa Paroquial, e naquela noite jantaríamos na casa da Gilmara. Assim combinado, nos dirigimos para a Casa Paroquial, que se localizava bem próximo da casa de Claudia, quando, então, Dalibor comentou:

— Dario! Eu acho que o Henriquinho não vai aguentar. Olhe como ele está mancando!

— É. Eu estou preocupado com ele. Porém, acho que ainda é cedo pra gente fazer uma avaliação. Amanhã cedo poderemos avaliar melhor as condições de cada um de nós.

— Tio Dario! Tem um probleminha que eu lhe devo comunicar. O chuveiro é frio!

— Ah! Então vocês vão me desculpar, mas...

---

7. Som de beijinhos no rosto.

— Ah! Ô Dario, toma vergonha. Deixe de ser porco, pô! — arrebatou Dalibor.

— É nada, tio. O padre disse que podemos usar o banheiro dele.

— É quente?

— É.

— Bem, aí a coisa muda de figura.

O local cedido pela Casa Paroquial tratava-se de uma ampla sala de palestras, na qual foram colocados colchões e cobertores para que pudéssemos dormir confortavelmente. Enquanto o Henriquinho e o Evandro tomavam banho, eu e o Dalibor ficamos ajeitando as coisas e separando a roupa que iríamos usar além de estendermos as camisetas usadas para que secassem um pouco.

Estava me preparando para o banho, quando o Dalibor me informou que não estava bem. Sentia ânsia de vômito e começava a ter um desarranjo intestinal.

— Agora você deve estar entendendo o porquê de eu lhe haver prevenido quanto à carne lá no "Amigo da Estrada"!

— Deve ser o cansaço.

— Cansaço, é?! Pois fique sabendo que isso foi aquele cupim que você comeu. Eu bem que avisei. Não me ouviu. Taí o resultado!

Nesse ínterim, entraram na sala o Evandro e o Henriquinho.

— E o chuveiro? É quente mesmo?

— É, tio. Pode ir tomar seu banho tranquilamente.

— O Dalibor não está bem. Está com ânsia de vômito e com início de disenteria.

— Hi, tio! Isso pode ser começo de desidratação. Vou preparar um soro para ele.

— Eu não vou tomar soro nenhum. Isso passa logo.

— Você é bem gozado, tio Dalibor! É cheio de frescuras e cuidados com isso e aquilo e quando precisa tomar remédio para se prevenir de alguma coisa fica fazendo cu-doce!

— O negócio é o seguinte: vou tomar banho e depois da janta eu decido se tomo ou não o soro!

— Ô bicho teimoso, viu! Depois da janta a coisa pode piorar.

— Ah, Evandro! Você entende lá alguma coisa disso? Você não é médico.

— Não sou médico, porém antes da caminhada conversei bastante com o Dr. Jercé e o Brasilino e eles me orientaram direitinho sobre como agir diante de cada possível situação desse tipo. O problema é que você é um cabeça-dura.

— Evandro, você me respeita. Eu sou seu tio!

— Aqui não tem esse negócio de tio. Cada um tem alguma responsabilidade. A minha é a cozinha e também a parte de medicamentos. Portanto, você tem de me acatar, pelo menos nessa parte.

— Falô, Evandrinho...

— Ah! Ah! Ah! Vamos logo tomar banho para não atrasarmos no jantar. Não podemos esquecer que não estamos em casa.

Enquanto nos arrumávamos para o jantar, o Evandro efetuou uma ligação telefônica para casa, a fim de saber como estava tudo por lá e, principalmente, para comunicar ao pessoal de casa como estavam as coisas com relação à nossa caminhada.

— E aí, Evandro! Falou com alguém?

— Falei com o vô, e já ganhamos uma ovada porque andamos quarenta e um quilômetros hoje. Ele achou que foi muita distância. O padre também achou que puxamos muito para o primeiro dia.

— E o pessoal em casa, como está?

— Estão todos bem. O vô disse que ligou para o seo Ailton e que ele quis saber onde a gente estava para vir falar conosco e verificar se estávamos precisando de alguma coisa.

— Você perguntou como estão a Gilmara e as crianças?

— Perguntei, tio Dalibor! Estão todos bem.

— Ai, meu Deus! Já estou com saudade deles.

— Ah! E o vô também falou que não é pra gente sair muito cedo amanha. É melhor que descansemos um pouco mais.

— Olha, a gente fica nessa embromação aqui e o tempo vai passando. Se vamos jantar, vamos logo! Eu tô é a fim de desenrolar logo isso e dormir.

— Calma, tio Cucú! Temos que esperar a Claudia ou a Gilmara. Nós não sabemos onde é a casa.

Logo a Gilmara apareceu para nos acompanhar até sua casa. No trajeto, sentimos o quanto estávamos quebrados. Mal conseguíamos andar. Caminhávamos como se fôssemos um grupo de robôs tateando o chão de forma lenta e desajeitada, pois, à medida que pisávamos o chão, nossos pés pareciam que iam rachar, já que a circulação voltara ao normal e, por esse motivo, os sintomas eram acusados com bem mais sensibilidade.

Sentíamos também dores nas pernas, braços, costas e pescoço. Por sorte a casa da Gilmara não era longe, pois se assim fosse eu creio que dispensaríamos o jantar.

— Pronto! Aqui estamos. Vamos entrar e conhecer o meu pessoal.

Após conhecermos a mãe e uma irmã da Gilmara, sentamos à mesa, que já estava posta para nossa equipe, sendo-nos servida uma deliciosa comida caseira. Embora o nosso organismo já estivesse reagindo aos incômodos da caminhada, não poderíamos abusar da alimentação. Portanto, comemos bem pouco e, para um desencargo de consciência, informamos sobre os motivos daquela aparente falta de apetite. Nessa oportunidade o Dalibor comeu quase nada. Fizemos à moda do cachorro: comemos e fomos embora, pois o que mais necessitávamos naquele momento era dormir.

— Vocês estão um bocado cansados, não?!

— Ah! Pode ter toda a certeza disso. Eu acho que nunca fiquei tão cansado em toda a minha vida — explicou Dalibor.

— Vocês vão mesmo continuar a caminhada amanhã cedo?

— Não sabemos ainda se vamos amanhã, e se formos não será muito cedo, pois precisamos fazer uma avaliação sobre nossas condições.

— Olha! Se precisarem de mais alguma coisa é só falar, viu?

— Obrigado, vocês estão sendo bastante gentis.

Já em nosso aposento, o padre nos procurou para saber se iríamos tomar o café da manhã em sua companhia, o que aceitamos e solicitamos que nos chamasse quando fosse a hora.

— "No, no! Vocês podem descansar à vontade. Asi que acorden servirán o café. No se preocupen com horário."

— Ufa! Beleza! Vamos dormir até quando quisermos — comentou Henriquinho.

Antes de dormir, passamos álcool canforado pelo corpo, nos locais doloridos, e massageamos intensamente, na esperança de estarmos em forma para o dia seguinte.

De todos nós, quem estava mais desanimado agora era o Dalibor, o qual não parava de lamentar e dizer que não estava bem, embora se recusasse a seguir as recomendações do Evandro, que insistia para que ele passasse a fazer uso do soro, a fim de evitar que seu estado de saúde se agravasse.

— Ai, meu Deus! Eu não tô legal...

— Dalibor! Não adianta nada você ficar se lamentando, poxa! Toma logo o soro que o Evandro quer preparar!

— Não. Eu já estou melhor agora. O problema é que eu estou com fome e não consigo comer.

— Então, tio Dalibor! Por isso mesmo é que é necessário o soro!

— Não é, pô! Eu também tô preocupado com a Gilmara e as crianças.

— Ah, Dalibor! Vai me dizer me dizer que você tá com saudades e por isso é que está assim! — retrucou Henriquinho.

— Ué, estou com saudade mesmo. E daí?!

— Daí que você não pode então ir na expedição de Guaíra. Aquela vai ser de trinta dias, meu chapa!

— Olha! O negócio é o seguinte, Dalibor! Se você acha que não está em condições de saúde para continuar, amanhã cedo você pega o ônibus e vai para casa.

— É. Amanhã eu vejo isso.

Era o que faltava para completar o nosso dia: o Dalibor se recusando a usar os medicamentos disponíveis e ainda por cima entrando em uma crise depressiva. Conhecendo-o como eu conheço, já percebi que ele iria dar um pouco de trabalho, pois se entrega com muita facilidade.

Nossa noite de sono seria tranquila e perfeita se, em plena madrugada, o Dalibor não começasse a acordar todo mundo, ora dizendo que estava preocupado com o Evandro, ora com o Henriquinho. Realmente, nosso companheiro já entrara em crise.

— Henriquinho! Ô, Henriquinho! Henriquinho!

— Humm...

— Ô, Henriquinho! Acorda!

— Humm... O que é, Dalibor?! Não enche o saco!

— Chame o Dario!

— Pra quê? Pô, Dalibor! Vamos dormir!

— Eu acho que o Evandro tá com frio. Empresta o seu cobertor pra ele...

— Humm... Toma, Dalibor! Dá o cobertor pro Evandro. Agora me deixe dormir... humm!

Levantamos por volta das nove horas e nos preparamos para o café da manhã.

— Bom dia, padre!

— "Bom dia... Ô, boa tarde, nô?! Como están? Dormirán bem?"

— Opa! Excelente!

— "Bem, então bamos a mesa! Vezam que se querem, aqui tem doce, leite, café, pan... se querem laranza... bem, sirván à vontade."

— Muito obrigado, padre! Não precisava tanto.

O padre Odorico é de nacionalidade italiana e antes de assumir a direção da paróquia de Bataguassu esteve por alguns anos no Uruguai, quando adquiriu um sotaque "italianol" todo especial. É um italiano daqueles bem vermelhos e com as sobrancelhas bem grossas e espetadas para frente. Excelente pessoa e de uma hospitalidade incrivelmente educada e discreta. Tanto é que, durante o tempo em que estivemos ali hospedados, ele não entrava na sala que ocupávamos, limitando-se a permanecer à porta, quando ali chegava para perguntar alguma coisa ou transmitir algum comunicado, geralmente de nosso interesse. Enfim, é o tipo de pessoa que pensa: "Eles precisam descansar, então, irão descansar!".

Por falar em descanso, ainda estávamos sentindo dores e não possuíamos descontração total de movimentos, o que nos levou a aceitar a ideia de ali permanecermos por mais um dia, especialmente por causa do estado depressivo em que se encontrava o Dalibor e também para dar um descanso mais prolongado ao pé do Henriquinho, que estava em situação não muito animadora.

— Padre! O senhor irá ocupar hoje a sala onde estamos?

— "No, no! Podem ficar o tempo que quiserem. No vamos ocupar a sala."

— Então, se o senhor permite, ficaremos ainda hoje aqui!

— "Si, si, no há problema."

— Pronto, está decidido, pessoal! Vamos descansar por mais um dia.

— Por mim, a gente sairia agora mesmo.

— Dalibor! Você tem que entender que se sairmos agora, nós não vamos conseguir. Com poucos quilômetros que andarmos, o Henriquinho estará com o pé estourado e, ademais, você também não está em condições, pois não está se alimentando, além de não querer se medicar. Se quisermos chegar até ao final, temos que trabalhar com a cabeça, também!

— Eu estou bem, somente não consigo comer.

— Mas você é teimoso, heim, tio Dalibor! Vou preparar o soro e você vai ter que tomar. Você está se rebelando contra as normas da caminhada e isso não pode acontecer.

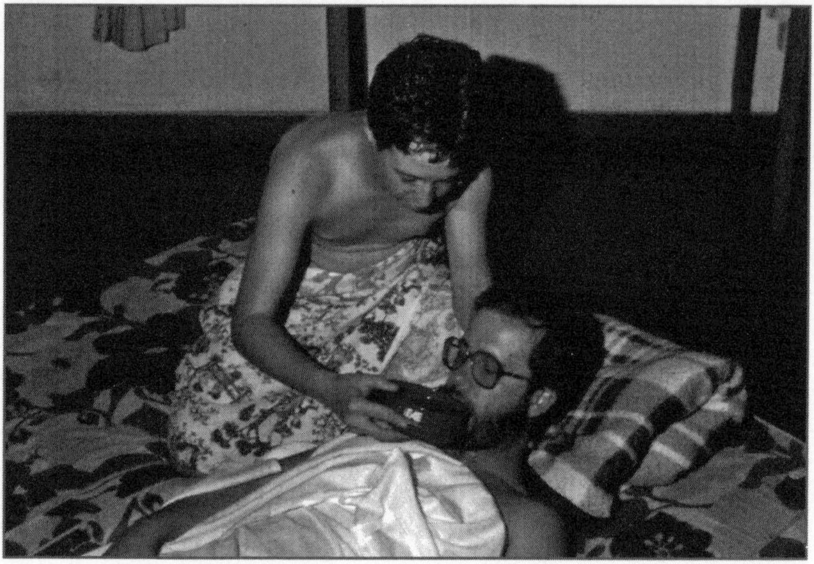

— Hi! Mas esse soro é ruim!...

— É ruim, mas resolve. Daqui até você melhorar, sempre que tiver sede, irá beber esse soro.

— É... Vamos lá. Não tem jeito mesmo!

Realmente o Dalibor se comportava como criança, passando a reclamar de tudo. Até a alimentação que estávamos levando para ser utilizada quando estivéssemos acampados, ou em nossas paradas pela estrada, não escapava de suas críticas.

— É esse arroz que estamos levando? Isso é ruim!...

— O importante é que, além de ser prático e de rápido preparo, sustenta, assim com a sopa e o curau — rebateu Evandro.

— Bem... a sopa e o curau são mais ou menos, mas o arroz é ruim.

— Dalibor! Eu acho é que você já tá é com frescura.

— É que você ainda não comeu desse arroz. Você vai ver só o que é bom pra tosse!

Nesse clima de criancice do Dalibor, resolvemos ainda pela manhã procurar o Ailton Pinheiro, ex-prefeito do município e nosso particular amigo, para uma visita e também solicitar-lhe apoio no sentido de resolver um problema que iríamos enfrentar para a jornada do dia seguinte, já que pretendíamos chegar até uma carvoaria localizada na estrada de terra que liga Anaurilândia ao posto do km 55 da rodovia, ponto distante trinta e três quilômetros de onde estávamos, dos quais, vinte e cinco eram até ao posto do km 55. Para essa jornada, o nosso problema se relacionava à água, vez que não se verificava a existência de qualquer riacho em um ponto intermediário. Esse detalhe nos colocaria em dificuldades, pois, devido ao nosso estado físico, especialmente o Henriquinho e o Evandro que estavam com problemas nos pés, não conseguiríamos cobrir vinte e cinco quilômetros sem efetuarmos parada para almoço ou sem que acabasse a água dos dois únicos cantis que transportávamos. Portanto, era preciso que alguém levasse para nós um provimento extra de água na distância intermediária até a carvoaria.

Todos estávamos ainda andando com certa dificuldade e isso nos dava a certeza de que, agora, qualquer distância superior a quinze ou vinte quilômetros nos seria muito difícil. O problema com o pé do Henriquinho não havia melhorado o que se esperava, além de o Evandro também estar em recuperação quanto às dores que sentira nos pés durante toda a caminhada do dia anterior. Sentíamos as consequências da marcha forçada do primeiro dia, porém, procurávamos ao menos psicologicamente anular o impasse, com exceção do Dalibor, o qual, àquela altura, já havia se entregue completamente às suas dores, especialmente às nostálgicas. Já se percebia que o maior problema do aludido ecologista não eram as dores musculares, mas sim as dores que a saudade de sua doce esposa e crianças lhe acometiam. O rapaz estava realmente "pra baixo" e propenso a desistir. Portanto, além de outras coisas a resolver, tínhamos agora o encargo de reanimá-lo, vez que qualquer desistência seria comprometedora a toda a equipe e, nesse caso, muito mais ainda ao próprio Dalibor, já que estaria derrotado diante do primeiro obstáculo surgido.

— Por que você não está com a camiseta da caminhada, tio Dalibor?

— Porque já não sou digno de vesti-la...

— Ah! Sem essa, ô Dalibor! Era o que faltava: "Não sou digno de vesti-la" — arremedei. — Vamos lá, vista a camiseta, pois, apesar de estarmos parados, o sentido de nossa caminhada é ininterrupto e os contatos que manteremos com as pessoas aqui em Bataguassu, como também em qualquer outro lugar por onde passarmos, faz parte do nosso projeto.

— Tá bom, tá bom! Se é assim, vou vestir a camiseta.

— Falô, vovó Nana! — brincou o Henriquinho.

Na residência do Ailton, fomos informados que ele havia dado uma saidinha, mas que não demorava a chegar. Resolvemos aguardá-lo, desfrutando do aconchego de uma pracinha que existe em frente à sua casa. Logo avistamos que sua esposa chegara, a qual, em conversa a respeito de nossa caminhada, nos disse que achava que tinha algum parafuso solto naquela história toda. De fato, a maioria das pessoas achava que era uma loucura aquilo que estávamos fazendo.

Nesse ínterim chega o Ailton.

— Bom dia, moçada! Mas todos vocês estão nessa caminhada?!

— Sim, todos nós. Bom dia, Ailton. Como vai?

— O seu pai ligou e me pediu que arranjasse um cavalo para transportar as suas bagagens. Mas... ôrra! Onde é que eu vou arrumar um cavalo! Esse Dom Henrique!... Ah! Ah! Ah!

— Ah! Antes de a gente sair ele já tinha dado essa ideia. Mas um dos desafios de nossa caminhada é justamente o fato de levarmos nossas próprias mochilas.

— E isso também iria atrasar muito a gente — comentou Henriquinho. — E não iria ser nada fácil dar de comer e beber a esse cavalo.

— Vocês vão continuar hoje, ainda?

— Não. Hoje vamos ficar por aqui. Estamos lá na casa paroquial. Andamos muito ontem e hoje estamos recuperando nossas condições físicas.

— É, eu estou vendo que vocês estão meio quebrados. Será que vocês vão aguentar? Vocês têm de passar aquela pomada de cavalo.

— Pomada de cavalo?! Você tá com gozação, né, Ailton?

— Não é brincadeira não. É uma pomada muito boa e nós a usamos de vez em quando. Essas dores musculares ela tira tudinho! Lá na Agro-Bata vocês encontram.

— Se é assim, vamos comprar essa pomada. Não é, pessoal?!

— É o jeito, né? Pra cavalo não está faltando mais nada em nós!

— Ah! Ah! Ah!

— Ah! Ah! Ah! Mas a pomada é muito boa mesmo, vocês vão ver! Ah! E vocês estão precisando de alguma coisa... Algum apoio?

— Olha! Nós precisaríamos que alguém nos levasse água até na metade do caminho daqui para a Etelvina, já que o córrego que existe nesse trecho está bem aqui na saída da cidade. Nesse caso iria um de nós e assim o carro não precisaria ficar esperando.

— Isso não é problema! É só vocês falarem a que horas querem sair e eu mesmo faço isso, com o meu carro.

— Eu acho que por volta das oito e meia ou nove horas está bom. Nesse horário, os que forem a pé já estarão próximos à metade do caminho.

— Vocês pretendem chegar até onde, amanhã?

— Nós queremos chegar até uma carvoaria que existe a oito quilômetros da Etelvina, já na estrada de terra.

— Ah! Eu sei onde é. É a carvoaria do "Bastião Bugre". Eu conheço o pessoal de lá. E, então como eu faço com relação à água? Vocês querem muita, pouca?...

— Quanto a isso você não se preocupe, pois os que forem com você providenciarão tudo. O seu trabalho será só o de passar na casa paroquial e pegar o pessoal.

— Tá bom, então! Mas se precisarem de mais alguma coisa é só falar.

Após esse bate papo retornamos para a casa paroquial. No caminho avistei o João Carlos, agente de polícia com o qual havia trabalhado em Nova Andradina/MS e que agora estava lotado na Delegacia de Polícia de Bataguassu.

Enquanto eu fiquei conversando com o João Carlos, os demais companheiros foram comprar a tal pomada de cavalo.

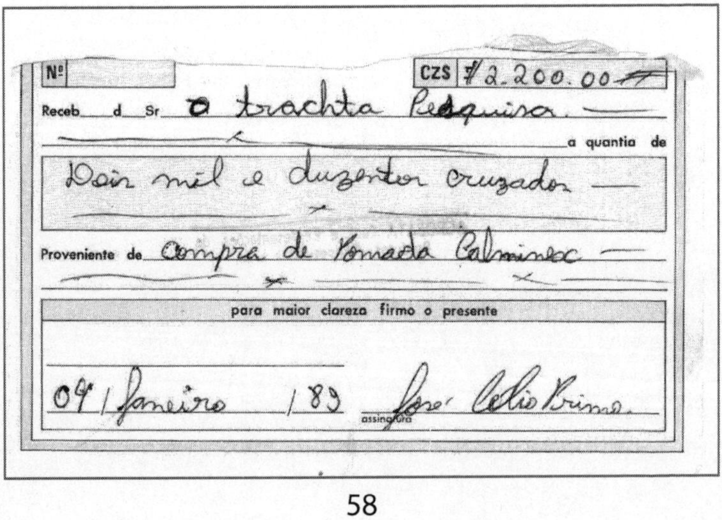
Nº CZ$ 2.200.00

Receb d Sr a trachta Pesquisa a quantia de

Dois mil e duzentos cruzados

Proveniente de Compra de Pomada Calminex

para maior clareza firmo o presente

04 / Janeiro / 89 assinatura

Em seguida acompanhei o referido policial até sua residência, onde solicitou à sua esposa que preparasse almoço para mais quatro pessoas. Dirigi-me então à casa paroquial para comunicar aos demais que iríamos almoçar na casa do meu colega.

— Pessoal! Nós vamos almoçar na casa do João Carlos. Daqui a pouco ele vem nos buscar.

— Ainda bem, porque eu não estou aguentando andar – comentou Henriquinho.

— Tio Dario! O padre nos convidou para jantarmos com ele. Nós mesmos é que prepararemos a comida.

— Bem, então no que se refere a rango está tudo resolvido por hoje, né? E o Dalibor, onde está?

— Tá no banheiro.

— Dalibor!...

— Humm...

— Como tá a coisa por aí? Tá russa?

— Mais ou menos.

Já na residência de João Carlos, enquanto aguardávamos a mesa ser servida, passamos a assistir televisão, sendo que o Dalibor, ao ver um filme de desenho, comentou que se estivesse em sua casa àquela hora estaria assistindo desenho com suas crianças.

— Ai, meu Deus! Mas eu estou com uma saudade de casa! Esse filme de desenho me lembra as crianças.

— Hi... Começou, moçada! O Popó está tendo uma nova recaída.

— Vão me dizer que vocês não estão com saudades?

— Estamos, é claro! Mas não a ponto de colocar esse sentimento como motivo maior de nossas lamentações e até como uma ameaça de desistência.

— O negócio é que nós já estamos com um dia de atraso e eu já falei desde o começo que eu tenho que estar de volta, no máximo, até segunda-feira.

— Mas enquanto não chega segunda-feira, você não deve esquentar a cabeça.

Após o almoço, retornamos ao nosso local de descanso, uma vez que a razão da nossa permanência em Bataguassu, durante mais aquele dia, resumia-se na necessidade de recuperar as nossas condições físicas, além de tecermos mais cuidadosamente uma avaliação geral e o plano para os dias seguintes.

— Evandro! Você que é o nosso médico e agora, também, nosso veterinário, vai nos fazer aquela massagem com a tal pomada de cavalo. Depois, vamos aproveitar a tarde para dormir e relaxar a musculatura para que amanhã estejamos em forma para reiniciarmos a nossa caminhada.

— Olha só pessoal, as características da pomada! — alertou Evandro. — Nome: Calminex. Uso veterinário. Propriedade: sedativo! Assim por diante.

— Anda logo, Evandro! Nós já estamos virando cavalo mesmo, passa logo esse troço e vamos ver no que é que dá.

— Humm... Tem cheiro de bálsamo benguê. Deve ser boa mesmo essa pomada — comentei.

A sessão de massagem começou. A sala onde estávamos foi alastrada pelo cheiro forte da pomada, fazendo com que o ambiente tomasse todos os aspectos de um hospital, dado ao odor suspenso no ar e à forma estivada em que nos encontrávamos deitados em nossos respectivos colchões.

Como eu não estava com tanto sono, resolvi passar uma água nas camisetas que havíamos usado no dia anterior, pelo menos para tirar um pouco a catinga, pois estávamos apenas no início de uma caminhada que ainda se estenderia por alguns dias e não tínhamos muitas camisetas com emblema para trocarmos durante a viagem. Isso feito, eu e o Evandro nos sentamos sob as árvores existentes no quintal da casa paroquial e ali preparamos um mate e aproveitamos para estrear o fogareiro que iríamos usar dali em diante. Já ao entardecer, o Evandro e o Henriquinho foram para a cozinha para prepararem o nosso jantar, tendo o Evandro a responsabilidade de preparar um macarrão para o padre Odorico que, certamente, como todo bom italiano, era profundo conhecedor da matéria.

Durante o jantar, que ficou relativamente bem gostoso, conversamos sobre assuntos ligados à ecologia e aos movimentos que são levados a efeito em nosso país, por todos os tipos de entidades ou grupos ecológicos. Evidentemente que nos ativemos mais especificamente em nosso movimento, que se tratava de uma caminhada de alerta sobre as afrontas que se cometem em desfavor da Natureza, além de objetivar a coleta de material audiovisual para ilustrar programas de conscientização. Comentamos também sobre o assassinato do líder sindical e ecologista Chico Mendes, ocorrido dias antes e que era o assunto do momento e navegava dentro da polêmica de haver aquele lamentável fato ocorrido por questões sindicais ou por questões ecológicas.

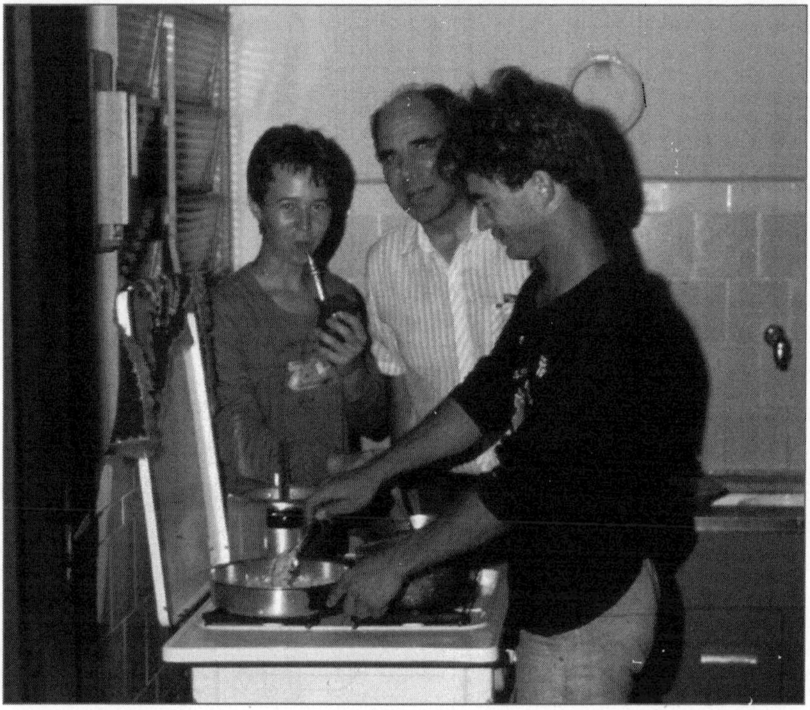

— O problema, padre, é que em nosso país, para a grande maioria dos problemas ambientais, como outros quaisquer, as soluções são facilmente visualizadas, porém não são levadas a efeito justamente pelo envolvimento de interesses particulares que governam os que deveriam governar.

— "Si, si! E por este pensamento se fazem entender as cosas de maneira no muito certas. Vezam que se dizem que a morte de Chico Mendes ocorreu por motivos de sindicalismo, porém, em o exterior, se falán que, em verdade, aquilo foi por razões ecológicas mesmo!"

— É o jeitinho brasileiro dando uma cobertura cômoda para os próprios problemas.

— "Olhen! Sirván à vontade... Querem mas pan?"

— Já estamos servidos. Agora vamos lavar a louça e nos preparar para ir à missa com o senhor.

— "Vezan que se están cansados no precisán ir à missa!"

— Não estamos tão cansados a ponto de sermos impedidos de assistir à missa.

O Dalibor se encarregou de arrumar a cozinha e nem nesse momento deixou de se entregar às suas lamentações, o que já parecia até gozação.

— Olha! Esse filtro, essa pia, esses azulejos na parede, essa tigela, tudo isso lembra a minha casa, até a forma em que estão colocados!

— Pronto! Henriquinho, já que vocês não vão à missa, tome conta do Dalibor e tente levantar o moral dele. Assim que eu e o Evandro voltarmos, vamos combinar como faremos amanhã. Certo?

— Podem ir tranquilos que eu tomo conta do doente.

A missa daquela noite foi celebrada em uma capela na vila Cohab de Bataguassu, contando com a presença de poucas pessoas, já que era em plena quarta-feira. Porém, o padre Odorico teve que se munir de muita paciência devido à presença de um bêbado que, durante o sermão, em dados momentos, começava a falar alto, sonorizando frases incompreensíveis, pelo que comentei com o Evandro, a respeito da vida que levam os religiosos.

— Essa vida de padre não é fácil! É preciso ter um espírito de total doação, não acha? Deve ser superdesgastante passar toda a vida lidando apenas com pessoas e convivendo com todo o tipo de problema social.

— É tio, não deve ser nada fácil! E pior ainda deve ser a vida daqueles padres na região do Amazonas, onde existem aqueles problemas de exploração. Lá os padres vivem sob constantes ameaças de morte!

— Esse padre Odorico é um sujeito muito bacana e atencioso, não acha?

— É verdade! Ele deixa a gente completamente à vontade e, além do mais, está dando um tremendo de um apoio à nossa causa.

— Pra ele deve ser muito bom quando aparecem pessoas que por alguns dias lhe fazem companhia.

De volta, nos reunimos para decidir sobre como agiríamos no dia seguinte. Ficou combinado que eu e o Dalibor seguiríamos a pé, enquanto que o Evandro e o Henriquinho iriam com o Ailton, de carro, e assim, além de já irem preparando as coisas para o almoço, dariam mais meio dia de descanso aos seus pés, o que era mais importante.

Lancei essa ideia e tive que defendê-la, já que o Henriquinho não a encarou com muita satisfação, pois, apesar de ter ciência que não estava com o pé inteiramente recuperado, queria tentar a caminhada.

— Dario! O meu pé está doendo um pouco, mas dá bem para eu seguir andando.

— Henriquinho! Eu já não penso assim. Veja bem! Se você tentar seguir a pé amanhã, você certamente conseguirá chegar até onde pretendemos, ou seja, até a carvoaria. Mas, com toda a certeza, de lá você terá que ir embora porque estará fora de condições por vários dias. Assim, se você aceitar o que eu estou propondo, deixará de caminhar uns quinze quilômetros e terá meio dia a mais de descanso para seu pé e, consequentemente, terá ampliadas as chances de chegar até ao final.

— Tudo bem. Vamos fazer assim então.

— O que importa é que a equipe consiga chegar até o fim. Se apenas um de nós chegar, foi a equipe que chegou. Por isso é que é importante que cada um de nós chegue ao máximo do que conseguir, pois assim estará contribuindo para o sucesso de toda a equipe.

— Então está combinado.

— É. E assim matamos dois coelhos com uma cajadada só. Enquanto você e o Evandro dão mais uma folga para os pés, eu vou fazendo a cabeça do Dalibor durante nossa caminhada de amanhã cedo, pois eu acho que do jeito que ele está, psicologicamente pra baixo, se não lhe dermos uma força, ele vai desistir e isso eu não vou permitir. Não por motivos de saudade!

— E olha que ele está bem pra baixo mesmo, pois enquanto você e o Evandro estavam na missa, ele me chamou para irmos aqui na igreja e quando estávamos lá ele chegou até a chorar e me disse que estava sentindo muita saudade da casa dele.

— Então! Nós temos que ajudá-lo a vencer esse obstáculo.

Após estar tudo combinado, telefonamos para a casa para dizer como faríamos no dia seguinte e que estávamos solucionando a contento todos os probleminhas que iam surgindo. Recebemos uma injeção de ânimo do pessoal de casa, que estava torcendo muito por nós.

Solicitamos, também, ao padre Odorico que nos acordasse às 05:00 h da manhã.

— "Evidentemente que eu no levanto a essa hora, mas podem tranquilizar-se que tenho despertador."

— Se o senhor quiser podemos ficar com o despertador e...

— "No, no! No se preocupen! É lindo eu mesmo acordar vocês, já que são hóspedes que deixaram essa casa bastante feliz e me fizerán boa companhia. Boa noite e durmán tranquilos."

Às cinco horas em ponto o padre nos despertou e pôs a mesa para o café da manhã. Durante o café, ele permaneceu em nossa companhia para um bate-papo de despedida, tomando conhecimento de que o Evandro e o Henriquinho ainda ali permaneceriam por mais algumas horas, achando que a nossa decisão de agir com cautela estava bastante racional. À nossa saída nos abençoou e colocou aquela casa ao nosso dispor para quando passássemos por aquela cidade.

Capítulo III

CONVERSAR COM UM PÁSSARO. SERÁ POSSÍVEL?

Dia 5 de janeiro, os raios do sol ainda não haviam se manifestado para oferecerem luz à Terra, quando eu e o Dalibor reiniciamos a marcha da nossa caminhada, aproveitando o frescor do dia que estava nascendo. Estávamos decididos a caminhar mais trinta e três quilômetros até a carvoaria do "Bastião Bugre".

O amanhecer do dia proporcionava um clima bastante favorável para que eu e o Dalibor tivéssemos uma conversa mais séria a respeito da depressão que lhe acometia.

— Hi! Mas eu tô com uma saudade de casa...

— Olha aqui, Dalibor! Vou te pedir uma coisa aqui e agora. Pare com esse negócio de saudade! Você tem que dominar isso aí, pô!

— Eu queria que você estivesse sentindo o mesmo que eu. É uma saudade feroz!

— Dalibor, eu até que te entendo. É a primeira vez que você participa de um negócio assim, tipo aventura, e como você mesmo disse a Gilmara não queria que você viesse e até brigaram. Não é?!

— "Vixe"... Você nem imagina!

— Pois bem. Eu já passei por isso, também. Quando eu inventei de fazer aquela primeira expedição no Samambaia, naquele botinho de "capu", somente o pai foi quem me incentivou, enquanto que o resto do pessoal se manteve sempre contra. Durante a expedição eu ficava me remoendo e tentando julgar se o que eu estava fazendo era certo ou errado.

— É mais ou menos isso que eu estou sentindo.

— Então, eu tenho razão e vou lhe explicar mais a respeito de tudo isso. O que você está sentindo e que realmente te incomoda é aquele sentimento de culpa por ter vindo mesmo contra a vontade de sua mulher.

E aí eu comecei a tocar no ponto fraco do mano, já que o conhecia muito bem e tinha quase certeza de que o maior problema que estava enfrentando não era físico, mas sentimento de culpa.

— Eu não sei... A Gilmara nunca me incentiva nessas coisas e eu gostaria que ela me desse uma força quando eu fosse participar de um movimento assim. Às vezes eu até dou razão a ela.

— Mas nesse caso eu acho que ela não tem razão. Afinal de contas você está de folga no seu serviço, e outra coisa, pô... O que nós estamos fazendo não é nada de errado! Muito pelo contrário!

— Então! Acontece que ela não entende isso.

— E tem mais! Você não deve se entregar a isso, senão todas as vezes que você quiser participar de alguma expedição ou coisa parecida, você vai sempre desistir ou até mesmo nem começar. Como eu já te falei, se for por motivos físicos eu sou plenamente a favor que você desista, porém, se a razão é simplesmente isso que você está sentindo, eu não vou deixar você desistir. Pode ir "tirando o seu cavalinho da chuva!"

— Eu sei, Dario, mas é que eu também estou preocupado com as crianças.

— Dalibor! Se você pensar dessa forma, nunca vai poder realizar nada que exija estar, por algum tempo, longe do seu pessoal. Eu acho que esse seu zelo é um pouco exagerado. E se você morrer? Seus filhos vão morrer também?!

— É, não vão, né?!

— Então! Tá vendo? A coisa não é assim tão grave.

À medida em que íamos conversando, eu sentia que o Dalibor ficava sem saída para seus argumentos.

— O que está me preocupando agora é que eu estou com fome e não consigo comer.

— A partir do momento em que você dominar essa depressão o apetite vai voltar.

Resmungando qualquer coisa Dalibor passou a caminhar com ar pensativo. Provavelmente viajava através da mente, rebuscando todos os detalhes desde o início daquilo tudo, passando pelos atritos com a Gilmara e agora refazendo sua avaliação com base em tudo o que eu lhe dissera.

Ao sabor do amanhecer do dia, permanecemos a grande parte do tempo apenas ouvindo os sons da Natureza, vez ou outra tecendo algum comentário.

Um bando de pássaros pretos se encarregava de liderar a orquestra natural para aquela manhã, incitando-me a querer acompanhá-los com meu assovio imitador.

— Será que eles entendem o que você está assobiando?

— Sei lá. Eles devem notar alguma diferença. No mínimo, devem ficar curiosos.

"Conversar com um pássaro. Será que é possível?", pensei.

Eu não sou nenhum estudante aprimorado de pássaros, apenas um observador ocasional, e dentro desse limite de conhecimento arrisco tirar algumas conclusões sobre a possibilidade de se conversar com um pássaro. Em princípio, deve-se estabelecer uma observação minuciosa tanto dos tipos de canto de cada pássaro quanto das reações provocadas pelos mesmos, para que então arrisquemos também provocar tais reações. Essas reações são classificadas como atendimento a chamados, provocações, cortejo, alarme e assim por diante, e estão relacionadas, cada qual, com um tipo de som ou sequência de sons. Portanto, é bem possível que o homem consiga estabelecer esse contato sonoro, em toda a sua plenitude, até ao ponto em que esse contato atinja o limite entre o puramente sonoro e o sonoro/visual. Até aí é possível fazer com que o pássaro pense estar se comunicando com outro pássaro. A partir, porém, do momento em que se estabelece o contato visual, o pássaro ficará surpreso pelo fato de não avistar o semelhante que lhe chamara, mas sim um homem para o qual olhará desconfiado, tentando entender o porquê de sua presença ali.

É provável que a comunicação entre os pássaros, bem como entre outros animais, é feita sob duas, três, quatro ou mais formas, assim dividido: à distância, é feita através de sons, quando então o homem pode e consegue participar. Após a aproximação, o contato passa a ser visual, momento no qual o homem perde sua condição de pássaro ou bicho, já que não terá meios para convencer.

— Puxa! Essa subida é encardida, heim?!

Absorto em meus pensamentos a respeito de como os pássaros se comunicam, nem notara que estávamos subindo, já há um bocado de tempo.

— Humm... É mesmo, mas já estamos chegando ao topo. Lá daremos uma paradinha.

Capítulo IV

ENCONTROS ORIGINAIS

À medida que avançávamos na caminhada, aprendíamos bastante coisas pela observação realizada do que havia à volta, bem como a respeito do que sentíamos. Durante a curta parada que fizemos ao atingirmos o topo da longa subida, avistamos uma espécie de lesma que caminhava com a casca às costas, donde, interessado em ampliar os meus conhecimentos com relação à Natureza e aos ensinamentos com os quais ela nos pode brindar, tirei a lição de que, por mais lento que estivéssemos andando, alguém estaria andando bem mais devagar. Por certo essa conclusão era bem animadora e também de muita importância para ser utilizada como alento durante nossa jornada. A paciência é algo que estaria sendo exigido cada vez mais, dia por dia.

— Olha lá! Aquele tem mais juízo que nós... Pelo menos está de bicicleta.

Tratava-se de um senhor, já de certa idade, que trafegava em sentido contrário ao nosso e, naquele momento, descida abaixo.

— Eeeh! Fazendo "zercício", rapaziada?!

— É, estamos fazendo uma caminhada! Bom dia, como vai o senhor?!

— Bom dia. Mas, "oxente, ond'é que ceis tão indo?".

— Estamos indo para Batayporã. Saímos antes de ontem de Epitácio.

— "I é?! Mais ceis tão é doido! É promessa?"

— Não, não é promessa, é que nós somos um grupo de ecologistas e estamos fazendo esta caminhada com a finalidade de observarmos a Natureza e alertarmos as pessoas para os problemas de destruição do meio ambiente.

— "I é?!"

— Nós somos de Batayporã. Nossos pais têm cartório lá. E o senhor?

— Eu tenho um "sitinho" aqui perto. Eu chamo Chiquinho, mas meu nome mesmo é Francisco.

O seo "Chiquinho" ou "Francisco", como deixou bem frisado, foi para nós um agradável encontro. Pessoa bastante alegre e de uma simplicidade muito simpática, se interessou por nossa caminhada e achou que estávamos bastante animados pelo fato de pretendermos andar uma distância daquela.

— Bem, seo Chiquinho, o papo tá muito bom, mas nós temos que ir andando, pois hoje nos temos que chegar numa carvoaria que existe logo que entra para a estrada de Anaurilândia.

— Tá bom!

— Olha, foi um grande prazer conhecer o senhor!

— Deus abençoe e proteja vocês! Gente boa, gente do governo!

— Tchau, seo Chiquinho, até outro dia!

— Tchau! Olha, logo ali na frente tem uma estradinha. Podem pegar ela que vai dar na minha casa. Passem lá pra beber uma água, viu? Falem que fui eu quem mandou.

Apesar da boa vontade demonstrada por aquele sitiante, não passamos pela casa dele, pois, além de não necessitarmos de água para aquele momento, a casa deveria ser bem retirada da rodovia, já que encontramos apenas a estrada.

Nossa caminhada continuava em ritmo bastante bom e já havíamos percorrido mais da metade da distância entre Bataguassu e o posto do Km 55, quando encontramos um andarilho.

— Olha, aquele é andarilho mesmo, heim?!

— Vamos conversar um pouco com ele! — sugeriu o Dalibor.

O andarilho era um japonês de meia-idade, com alguns fiapos de barba já branca, trajava roupa simples e um pouco suja. Calçava um par de chinelos tipo havaiana e levava uma pasta a tiracolo e em um dos braços carregava uma manta.

O japonês se aproximou um tanto desconfiado e pediu se poderíamos lhe arrumar fósforo, mostrando que pretendia acender um cigarro que trazia bem seguro na mão. Percebemos que falava bem pouco o português, pelo fato de que tentava se comunicar mais por sinais, proferindo um palavreado de difícil compreensão.

— Eu acho que ele quer fósforo, Dalibor! Será que tem em nossas mochilas?

— Na minha tem um isqueiro.

Já com o cigarro aceso, o japonês nos olhou e, apontando para as mochilas e gesticulando com os braços, perguntou qualquer coisa que eu entendi como se fosse ponte, ao que pensei que quisesse saber se estava longe da ponte do rio Paraná.

— A ponte do rio?

— "Ah... Ponte... onte!..."

— Hi, Dalibor, não estou entendendo o que ele quer dizer.

— O senhor quer saber se está longe da ponte?

— "Onte... onte!..."

Não estava fácil entender o que o homem queria perguntar, pois, além de não formar frases em português, ele tinha só um dente na boca, o que embolava mais ainda o som das palavras.

— Eu acho que estou entendendo, Dario! Ele quer saber se somos alpinistas. E virando para o japonês — Montanha é o que quer dizer?

Aí o japonês se alegrou.

— "Si, si!... Montonha... esse!"

— Não, somente andando na estrada.

— "Ah! Camping, camping?!"

— Isso mesmo! E o senhor? Pra onde está indo?

— "San Paro no!... San Paro ... cidado gorande no!"

Pensei cá com meus botões: "Hi, esse eu acho que não bate bem!".

— E de onde vem vindo?

— "Si, Dorado no?"

— Ah! Ah! Ah! É o japonês que ia pra Dourados, Dario! Aquele da piada!

— Ô Dalibor! Não fala assim, pô!

— A gente pode tirar uma foto com o senhor?

— "Foto... Jorná... si, si!"

Imediatamente o nosso novo amigo jogou a manta no capim e se posicionou para a foto. Pedi-lhe que pegasse a manta, ao que respondeu que estava muito feia.

Após aquele encontro, seguimos a caminhada, quando, então, o Dalibor, que a tudo e a todos tinha o dom de imitar, passou a, de vez em quando, incorporar o japonês andarilho.

— "San Paro, no?... San Paro, cidade gorande!"

— Pô, Dalibor! Como é que você me fala na frente do cara que ele era o japonês da piada?!

— Ah, Dario! Eu não aguentei. Ah! Ah! Ah! "San Paro, no"...

A piada do japonês que ia para Dourados é uma daquelas que não pode faltar em nenhum repertório de salão. Consiste no caso em que um japonês tomou um ônibus com destino à cidade de Dourados e, por receio de haver tomado o ônibus errado e talvez conhecedor da fama de que o brasileiro sempre informa errado aos estrangeiros, a todo momento perguntava ao cobrador e ao motorista se aquele ônibus ia mesmo para Dourados. Perguntou tantas vezes até que em dado momento o motorista, já de saco cheio, disse ao japonês que o ônibus ia para o inferno. Aí vem o desfecho da piada, quando, passivamente o japonês pergunta: "Mas passa em Dorado, no?"

— Aí vem o pessoal, Dario!

Olhei para o lado e vi que o Ailton havia nos alcançado, quando então tomamos conhecimento, pelo Evandro, de que tínhamos andado dezessete quilômetros desde que saímos de Bataguassu, o que não deixava de ser uma média considerada ótima para a primeira parte do dia, sem contar que estávamos já a um pouco mais da metade do percurso total estabelecido para aquele dia.

— Aqui está bom para vocês ou querem que eu pare mais na frente? — perguntou o Ailton, consultando se iríamos parar ali para o almoço. — Logo ali na frente tem o sítio do Jorge Kassai!

— Chegando ao topo desta subida, você pode parar em qualquer sombra de árvore que tiver por ali. Já já estaremos chegando lá.

Assim foi feito, havendo o Ailton parado sua D-20 ao lado de uma árvore, aonde chegamos em quinze minutos.

— Vocês andaram pra caramba hoje, heim?! Nós já estávamos preocupados, pensando que havíamos passado por vocês!

— É que não paramos quase nada.

— Dalibor! O seo Ailton trouxe queijo!

O Dalibor é louco por queijo e quando o Evandro falou aquilo, ele arregalou os olhos e quis saber onde estava. Ainda mais que já estava quase na hora do almoço.

— Ôba! Onde está? Já vou comer um pedaço.

— Vocês não querem que eu os leve até o cinquenta e cinco? Está pertinho daqui. Ali vocês preparam o almoço mais sossegados.

— Não, não, Ailton, aqui já está bom demais!

— Bem, o negócio é ir caminhando mesmo, né?! Tá certo. Mas que precisa ter muita coragem, precisa!

— É, devagarzinho a gente chega lá.

Ali permanecemos por alguns instantes, descansando e conversando com o Ailton, o qual nos comentava de suas pretensões de se candidatar a prefeito do município nas próximas eleições. Sendo político muito conceituado naquela região, é conhecedor de praticamente toda a população do município, com a qual tem profunda amizade, particularidade da qual fez questão de se valer, em benefício de nosso empreendimento.

— Pessoal! Por que vocês não andam mais uns trezentos metros até aquelas árvores e preparam o vosso almoço ali. Lá é o sítio do Jorge Kassai, e eu posso lhes apresentar para ele.

Além de não ser uma má ideia, era um parecer bastante sensato por parte do ex-prefeito, haja vista que, estando no verão, as chuvas desabam constantemente e ali onde estávamos, se isso acontecesse, teríamos que armar a barraca, o que, por certo, nos atrasaria um bocado. Assim pensando, aceitamos a sugestão e logo estávamos sendo apresentados ao Sr. Jorge Kassai. Por sinal, outro japonês.

— "San paro, no!" — sussurrou baixinho o Dalibor.

— Dalibor! Pelo amor de Deus, aqui não!

— Como vai, seo Jorge? Esses rapazes são conhecidos da gente e estão fazendo uma caminhada desde Epitácio até Batayporã e gostariam de usar sua propriedade para prepararem o almoço deles. Eles mesmos é que preparam, pois estão carregando até panelas e fogareiro.

— Claro que podem ficar por aqui! Podem usar esse barracão, pois assim estarão protegidos da chuva, caso ela venha!

Apresentados ao Sr. Jorge, ali nos colocamos à vontade, enquanto que o Ailton retornou para Bataguassu.

— Então, vocês estão enfrentando o estradão no pé mesmo, heim? Estão com bastante coragem!

— É, estamos! Se bem que o nosso companheiro aqui — disse eu apontando para o Dalibor — já está meio derrubado!

— Hum!... Vocês nem imaginam o quanto eu tô cansado... Minhas pernas tão doendo de um tanto!

— Ah! Isso dói mesmo! — comentou o Sr. Jorge. — Ainda mais carregando esse peso todo nas costas!

O Sr. Jorge Kassai é morador bem antigo do município de Bataguassu. Reside ali desde o tempo em que meus pais também moravam em Bataguassu e eu era ainda uma criança, por volta de 1953. Conversamos sobre as pessoas que trabalhavam na Companhia de Viação São Paulo/Mato Grosso, na qual meu pai foi gerente setorial por alguns anos.

Ali no sítio permanecemos pelo prazo de aproximadamente duas horas, o suficiente para almoçarmos e efetuar um breve descanso, após o que abastecemos os nossos dois cantis, nos despedimos e prosseguimos pela estrada.

Para se chegar ao posto do quilômetro cinquenta e cinco, tínhamos por volta de seis quilômetros pela frente e dali até a carvoaria do Bastião Bugre, mais oito. Portanto, tínhamos ainda um bom trechinho para caminhar naquele dia.

Até chegarmos na "Etelvina", como era também conhecido o posto do km 55, passamos a acenar para todos os veículos que passavam por nós, como uma forma de nos distrair e, especialmente, nos comunicar com as pessoas. Isso realmente surtia um efeito muito bom, pois nossos acenos eram frequentemente correspondidos sob várias formas, até beijinhos jogados por uma "rodomoça" de um ônibus que ia de Campo Grande para o Rio de Janeiro.

— Hipiúúúúú!... Vocês viram só?! Ela nos jogou beijos!

— Beijos não resolvem o meu caso! — brincou Dalibor. — Ela devia mesmo era ter pulado do ônibus e caído em meus braços! Ai, que gostoso! Humm...

— Qual é, Dalibor! Você não tá aguentando nem com você mesmo! E ainda tá pensando que aguenta uma moça daquelas! — zombou Henriquinho.

— Ah, meu! Uma coisa nada tem a ver com a outra. Eu tô é muito afiado se você quer saber!

Nessa descontração toda, utilizada para aliviar pelo menos um pouco as dores que já estávamos sentindo pelo corpo todo novamente, chegamos ao km 55. A partir dali passaríamos a caminhar pela estrada de terra. Já havíamos percorrido sessenta e seis quilômetros, restando cento e dez a serem vencidos para estar cumprido o total da caminhada. Porém, naquele momento deveríamos pensar somente nos oito quilômetros que faltavam para chegarmos até a carvoaria.

— Agora na terra será melhor de andar, vocês vão ver — comentou Henriquinho.

— A gente poderia chegar até naquele acampamento do pessoal da estrada! — arriscou Dalibor.

— Dependendo do estado físico da gente quando chegarmos à carvoaria, a gente resolve se vai ou não.

— Como está o pé, Henriquinho?

— Até agora está bom. Está doendo um pouco, mas não incomoda muito.

— Hoje, pra janta eu vou fazer uma sopa e um curauzinho — avisou Evandro. — Ou vocês querem arroz?

— Acho que é bom a gente experimentar a sopa!

No sítio do Sr. Jorge Kassai havíamos feito a nossa primeira refeição com a alimentação da caminhada. O prato preparado pelo Evandro foi o tal arroz que o Dalibor havia criticado. Eu não posso dizer que aquele arroz é uma delícia, mas também não poderíamos desmerecê-lo ao ponto de dizer que é horrível. Mas agora, para a janta, eu queria experimentar a sopa.

Enquanto eu e o Dalibor aguardávamos no início da estrada de terra, o Evandro e o Henriquinho foram até o posto para comprar refrigerantes para nós, o que consumimos antes de iniciarmos a caminhada pelo novo terreno e paisagem.

— He, tio Dario! Quase que eu e o tio Henriquinho morremos de tanto rir agora!

— O que foi?

— Na hora em que chegamos no bar do posto para comprar os refrigerantes, encostou uma veraneio e desceu um homem todo pancoso, com *ray-ban* e tudo e perguntou se a gente estava fazendo alguma maratona. Aí eu respondi que a gente tava fazendo uma caminhada, quando ele perguntou: "De onde vocês vêm vindo?" Eu respondi: "De Epitácio...". Aí ele perguntou: "E para onde vocês vão?". Falei: "Para Batayporã". "A pé?". "A pé". Aí ele olhou pra nós, balançou a cabeça e... "Humc, umc, umc!...". E saiu. No mínimo deve ter pensado que somos loucos.

— Vocês precisavam ver o cara que estava lá dentro.

— É mesmo! Conta essa tio Henriquinho!

— Rapaz! A hora que nós entramos no bar, tinha um cara sentado perto do balcão e foi logo perguntando o que nós estávamos fazendo com aquelas mochilas nas costas. Aí nós explicamos que estávamos fazendo uma caminhada de Epitácio até Batayporã, explicando que era um tipo de pesquisa. Foi quando ele disse: "Então eu também tô fazendo uma pesquisa dessa e venho vindo lá de perto de Batayporã, levando essa mala." . Vocês precisavam ver o tamanho da mala do cara. Era daquelas malas de fibra, quadradona e bem grande!... Aí ele continuou: "Eu cheguei aqui, tomei um banho e coloquei esse sapato e agora o meu pé tá "ixprudindo" dentro dele. E ele já queria vender uma lata de óleo de comida para nós e quando contamos que nossa comida não usava óleo, então ele disse que só se fôssemos do governo, porque comida sem óleo é só mesmo sendo do governo.

— Falar nisso, o meu pé já tá "ix... prudindo" — imitou o Dalibor.

— Vamos andar, antes que o meu pé também exploda.

Capítulo V

UM BARRACO CHEIO DE PULGAS

Reiniciamos a caminhada, agora pisando o leito da estrada de terra e sob um novo clima, visto que dali em diante já não teríamos a presença do trânsito da rodovia, cujo ruído e movimentação contínua nos obrigava a ficarmos atentos a tudo aquilo, além de termos bastante limitado o nosso espaço de locomoção. Na estrada de terra teríamos melhores condições de observação da natureza. Teríamos mais amplitude de espaço para caminhar, podendo cruzar a estrada de uma margem para a outra e escolher à vontade o lugar por onde andar, já que o movimento de veículos era muito reduzido. Ali, dificilmente nossos bonés voariam!

Tudo ali era bem mais diferente. A Natureza pulsava com maior vigor e a gente sentia o cheiro do campo, das fazendas e das frutas silvestres; ouvia mais confortavelmente o canto dos pássaros. É como se estivéssemos em casa.

— Eeeh... tio Cucú! — comemorou o Evandro.

— Aí, Nicolau! Que falta que você tá fazendo, Nicolau!

Toda essa festa foi ocasionada quando passávamos em frente a uma fazendinha e ouvimos o zurrar de um jumento. Ocorre que o tio Cucú, como é chamado carinhosamente o Henriquinho, é proprietário de um jegue chamado Nicolau, e muito elogiado pelo Henriquinho. Um verdadeiro xodó.

— A próxima caminhada eu só faço se for de Nicolau. Se o Nicolau estivesse com a gente, ele carregaria nossas mochilas.

— Em compensação, se avistasse uma égua sairia feito doido. Aí então a gente só ia ver mochilas voando!

— "Ôrra! Mas aonde é que eu vou arrumar um cavalo... Ôrra! Esse Dom Henrique" — imitou Evandro sobre comentários do Ailton.

Era uma série de imitações que se iniciavam, demonstrando uma maior descontração proporcionada pelo sossego da paisagem.

— E o japonês?! "San Paro, no?"... Pra mim, aquele japonês é doido! — imitou e comentou o Dalibor.

Já no topo da primeira subida da estrada de terra, bastante acentuada, por sinal, não tínhamos mais o mesmo ânimo e pretensões de se chegar até o acampamento existente adiante da carvoaria, pois sentíamos que novamente estávamos chegando ao limite de nossas resistências. As dores retornavam com a mesma intensidade que se fizeram presentes quando de nossa chegada em Bataguassu. Agora, os meus pés doíam como o diabo! O Henriquinho novamente estava mancando, enquanto que o Dalibor reiniciava suas intermináveis lamentações, mostrando que ainda estava sob a síndrome da derrota e perigando concretizar uma desistência.

Por incrível que pareça, o Evandro, apesar de seu estilo desajeitado de andar, era o que estava aparentando melhores condições físicas, tanto é que caminhava na dianteira.

— Putz, gente! Mas eu tô quebrado! Não sei se vou aguentar chegar à carvoaria! — comentei.

— Ôooooo... sina de cachimbo da peste! — soltou o Henriquinho. — Nosso destino é mesmo levar fumo!

— E eu não tinha nada que ter dado o meu nome pra participar desse negócio. O Dario inventa as armadas dele e é a gente que se ferra. Eu até tenho a impressão de que, conforme vou andando, minhas orelhas balançam pra frente e pra trás.

Realmente, àquela altura dos acontecimentos a coisa estava muito difícil e somente chegamos à carvoaria porque no trajeto não havia água para que pudéssemos preparar a nossa alimentação. Na última baixada encontramos algumas pessoas trabalhando, às quais perguntamos se ainda estava muito longe da carvoaria. Perguntamos só por perguntar, para ver se animávamos um pouco mais, já que sabíamos que a carvoaria estava localizada após a próxima subida.

— A carvoaria está na próxima baixada — respondeu uma das pessoas. — Daqui lá tem uns mil metros.

— Ainda bem que o cara disse a distância em metros, pois, na nossa situação, isso fazia muita diferença. Ouvir "mil metros" é melhor do que ouvir "um quilômetro". Cansa menos!

É incrível como em determinadas situações um metro tem um valor muito significativo, mesmo para quem pretende caminhar cento e setenta e seis quilômetros! Nós estávamos numa situação assim e cada um dos últimos metros para chegar à carvoaria era um novo desafio sobre o qual não tínhamos a certeza de vencer. A impressão que tínhamos era a de que no próximo passo nossos pés partiriam ou "explodiriam", como disse o andarilho do km 55, tamanha era a dor sentida ao depositar sobre a planta dos mesmos o nosso peso acrescido de mais vinte quilos das mochilas que, àquela altura, pareciam pesar o dobro.

Um pouquinho antes da carvoaria chegamos ao portão de uma casa de sítio. O Evandro caminhava na frente e solicitei-lhe que parasse ali.

— Vamos pedir para que deixem a gente armar o acampamento aqui.

Assim, conversamos com uma mulher que estava naquela propriedade, a qual nos disse que aquele assunto somente poderia ser resolvido pelo marido dela, que naquele momento encontrava-se ausente e retornaria somente ao anoitecer.

Não tinha jeito mesmo. Tínhamos que ir até a carvoaria. Meu Deus! Faltavam ainda uns setenta ou cem metros no máximo! A carvoaria estava ali, à nossa vista. Mas eram setenta ou cem metros, ainda! Encaramos a coisa e reiniciamos os pesados passos de quem vem saindo do deserto e esbugalha os olhos ao avistar o oásis. Iríamos chegar, nem que fosse de arrasto!

Nosso martírio ainda se estenderia por mais alguns minutos além do esperado. Desconfiados, os funcionários da carvoaria se mostraram receosos em nos permitir acampar ali, mesmo que fosse somente para passar a noite, como havíamos solicitado. Era bastante compreensível aquela desconfiança, vez que não éramos conhecidos e, apesar de estarmos com roupas caracterizadas, nada provava que não fazíamos parte de algum órgão fiscalizador. Disseram-nos que somente o Sr. Sebastião poderia autorizar o nosso pernoite dentro dos limites da carvoaria, e ele havia saído e só retornaria dentro de aproximadamente uma hora.

Já estávamos propensos a montar nosso acampamento do lado de fora da cerca, às margens da estrada, quando uma mulher, a qual mais tarde ficamos sabendo se tratar de Dona Helena, esposa do "Bastião Bugre", aproximou-se e tratou de tomar uma decisão.

— Ei, meninos! Não precisam ficar esperando o meu marido chegar. Podem armar a barraca no local que vocês acharem melhor, pois todo mundo percebe que vocês estão mortos de cansados!

— Obrigado, Dona! A gente só quer mesmo é descansar.

— Inclusive tem aquele barraco que está desocupado. Se vocês quiserem, podem passar a noite ali!

Ôpa! A coisa estava melhorando, pois seria bem melhor se não precisássemos montar um acampamento. Já ia me dirigindo ao referido barraco, a fim de fazer um reconhecimento, quando um comentário feito por uma das crianças me fez abandonar a ideia.

— Mas, vó... Aquele barraco tá cheinho de pulgas!

— Acho que é melhor a gente armar o nosso acampamento mesmo, Dona! Nós temos todos os equipamentos, não se preocupe.

— Vocês é quem sabem! Vou preparar um cafezinho pra vocês enquanto se ajeitam.

Logo nos foi servido um café bem quentinho, ocasião na qual, já mais à vontade, Dona Helena se pôs a comentar.

— "Ô meu Deus do céu, tadinho dos moço! Devem estar mortos de cansados! E esse aqui... — disse apontando para o Evandro — tão novinho e já num sofrimento desses! Ô judiação!"

Nisso chegou o Sr. "Bastião Bugre", para o qual Dona Helena explicou sobre nossa caminhada e disse que havia autorizado o nosso pernoite dentro do pátio da carvoaria.

— É alguma penitência que ceis tão fazendo? — perguntou o Sr. Bastião.

— Não. Apesar de todo mundo pensar que estamos pagando alguma promessa, o nosso objetivo é ecológico. Nós moramos em Bataiporã e resolvemos fazer essa caminhada, durante a qual a gente vai observando mais detalhadamente as coisas e tirando fotografias para depois montarmos um trabalho para ser utilizado em palestras.

— Hummm!...

É quase certo que o seo "Bastião" não tinha entendido direito os nossos objetivos, ou se os entendera encarava a coisa com alguma reserva. Durante o tempo em que ali permanecemos, ele não nos deu muita conversa, apesar de nos deixar à vontade.

A noite já vinha tomando forma quanto terminamos de montar o acampamento e o Evandro começava a preparar o jantar. No caso, a sopa!

Apesar de estarmos no verão, a temperatura estava caindo, especialmente para nós, que havíamos desprendido muita energia durante a caminhada. Naquele dia não tomamos banho, já que o banheiro ali existente, na base da "canequinha", embora oferecido não foi usado por nossa equipe, mais por uma questão de não causar transtorno do que por qualquer outro motivo.

O Dalibor era o que mais questão fazia de um banho, o que já não ocorria comigo, pois não sou muito amigo de água fria quando derramada com caneca!

— Vai ser foda dormir sem tomar banho! Eu tô numa catinga de lascar!

— Dalibor! Se você faz muita questão, vai tomar seu banho! Eu acho que dá bem pra gente passar essa noite sem tomar banho e amanhã a gente para no primeiro córrego.

— É... pra você que é porco mesmo está ótimo!

Aquela era uma boa hora para se tomar um conhaque, porém, como à nossa volta estava cheio de moleques, não poderíamos beber à vista, sob pena de causar uma má impressão, o que àquela altura poderia ser uma coisa não muito interessante.

— Henriquinho! Bota pra mim um pouco daquele remédio nessa tigelinha!

Utilizando-se daquele esquema, cada um de nós tomou a sua dose de conhaque, bem discretamente, enquanto conversávamos com a molecada que ali estava curiosa diante do nosso equipamento.

Um dos moleques, aproximando-se da barraca e avistando o Dalibor que já estava deitado, comentou: "Hi... esse colega de vocês já tá derrubado!".

A sopa já estava pronta e, por sinal, muito gostosa. Porém, o Dalibor, que ainda se encontrava naquele estado lastimável, não conseguiu comer, apesar de haver tentado e ainda feito uma brincadeira, aproximando o pratinho à boca.

— Henriquinho! Crec, crec, crec, crec! Ah! Ah! Ah!... — imitou um filhote de papagaio.

— Dario! A gente demonstrar que gosta e defende os papagaios é uma coisa boa, mas querer virar papagaio já é demais!

— É, tio Dalibor, você fica fazendo gozação com a sopa, mas fique sabendo que isso sustenta, viu?!

— O negócio é o seguinte... Quando a gente chegar em casa, nós vamos estar voando ou dando coices — afirmou Dalibor.

— É mesmo! Ah! Ah! Ah! Comendo comida de papagaio e passando pomada de cavalo, só pode dar nisso!

Após a janta, o Evandro preparou um chá com conhaque, que serviu para nos aquecer e dar um ânimo psicológico para que ao menos conseguíssemos dormir bem. Durante a caminhada, aquela era a primeira noite que passávamos acampados e dormindo na barraca. Estávamos tão cansados que nem o chão duro foi capaz de impedir que dormíssemos.

Na manhã seguinte, ainda clareando o dia, o Senhor "Bastião" e seus empregados saíram para o trabalho, enquanto que o Evandro esquentou o curau que havia preparado durante a noite para que fizesse as vezes do nosso café da manhã, juntamente com um pouco de leite condensado dissolvido em água morna.

Durante os preparativos para a nossa partida, o pessoal da carvoaria se acercou da gente para um bate-papo. Enquanto isso, arrumávamos as coisas nas mochilas sob os olhares admirados daquela gente que custava acreditar que conseguíamos transportar tudo aquilo. Dona Helena não parava de se compadecer da gente: "Coitado dos moços! Meu Deus do céu, ô judiação!".

Estávamos preparados para reiniciarmos a jornada, quando apareceu um caminhão, cujo motorista, conhecido daquele pessoal e tomando conhecimento sobre o nosso caso, ofereceu-nos uma carona, o que evidentemente não aceitamos, explicando as nossas razões. Após reunirmos todo o pessoal e feito uma fotografia, nos despedimos e seguimos nossa "sina de cachimbo", conforme conceituara o Henriquinho. Aquela noite havia sido suficiente para recuperarmos um pouco nossas energias.

Capítulo VI

O ENCONTRO COM O HUSKY SIBERIANO

O dia estava nublado, porém com cara de quem não esconderia o sol por muito tempo. Nossos passos ainda se faziam lentos e cautelosos, dominados pelas dores do corpo ainda frio. Aquele maldito ferrinho, apoiado por sobre a extremidade da coluna, parecia avisar que aquele era o seu dia. À nossa frente uma subida, o que já não era o pior martírio!

Sob esse aspecto de coisas, nos atiramos na arena tais como gladiadores que aceitam um desafio, mais por falta de opção do que por coragem. Era assim que nos sentíamos naquela manhã do dia 6 de janeiro, quando deixamos a carvoaria com a finalidade de, na pior das hipóteses, chegarmos até a fazenda Nova Ariranha, a onze quilômetros dali. Porém, na realidade, o nosso objetivo para aquele dia era atingirmos a margem de um córrego que passava pela estrada a vinte e quatro quilômetros.

— Gente, eu acho que nós não vamos aguentar! Essas mochilas estão muito pesadas! — comentou Dalibor. — Eu podia pegar uma carona até em casa e voltar com o carro para levar as coisas...

— Negativo, meu! Se você pegar uma carona e for para casa, pode ficar por lá. A gente pode até estar se arrebentando, mas somos nós que vamos levar as mochilas.

Não tinha jeito mesmo! O Dalibor tentava arrumar uma porção de justificativas para poder ir para casa. E como já havíamos percebido, o problema não era esgotamento físico, pois ele era quem estava em melhores condições.

— Tio Dalibor! Por que você não pega o ônibus logo de uma vez e vai embora? À tarde vai passar um de Epitácio para Batayporã.

— Evandro! Você é muito nervosinho, viu?! O que eu estou querendo é ajudar um pouco mais e aliviar os nossos pesos.

— Ah! Qual é, tio! Você não tá é conseguindo dominar a saudade. Será que você não vê que o nosso desafio é justamente realizar a caminhada sem equipe de apoio?!

— Evandro, você me respeita que eu sou seu tio!

— Eu sei disso, mas é um tio muito teimoso.

Quando o Evandro e o Dalibor começavam a discussão, o negócio ia longe se alguém de melhor bom senso não interviesse. Tanto o Evandro quanto o Dalibor eram dois cabeças-duras. Não arredavam pé de suas opiniões. O Dalibor se posicionava na hierarquia de parentesco, enquanto que o Evandro pegava "na isca" com muita facilidade. Nervosinho mesmo!...

— Será que os belezas poderiam parar com a discussão? Isso não vai levar a nada.

— Ninguém tá discutindo, tio! Eu só tô querendo dizer que se o tio Dalibor está com saudades, que pegue logo uma carona e vá embora. Mas é ir pra ficar!

— Evandro! Você não entende nada disso, tá? E é bom ter um pouco mais de respeito!

De onde estávamos, tínhamos uma visão de um longo trecho da estrada à nossa frente, inclusive já se percebia que estávamos próximos ao acampamento da firma que estaria realizando pesquisas sobre petróleo, fato que tomamos conhecimento pelo Ailton.

— Lá no pé da baixada é o acampamento! — mencionei.

— Eu acho que é na outra baixada, tio!

— Tá ficando louco, rapaz! Daqui até na outra baixada deve ter uns seis quilômetros, e o acampamento está a quatro da carvoaria. Eu tenho certeza que é ali nessa baixada.

— Mas, e cadê a mata que tinha lá perto?

— É que daqui ainda não dá pra ver.

— A gente vai dar uma paradinha lá, né, Dario?!

— É, eu acho que é bom a gente conversar um pouco com o pessoal e saber como é o serviço deles. Evandro, você que é o relações públicas da Trachta Pesquisas está encarregado de especular os caras.

— É, mas vocês também têm que fazer perguntas. Não pode ficar só nas minhas costas.

— Eu tô a fim mesmo é de dar uma descansadinha — comentou o Dalibor.

No acampamento, explicamos sobre nossa caminhada e solicitamos permissão para ali ficarmos por alguns minutos, o que nos foi franqueado com muita boa vontade. Então, em conversa com o pessoal que ali se encontrava e visitando os vários setores do acampamento, ficamos sabendo que se tratava de uma firma americana de pesquisas ao solo denominada S. W. Geofísica Ltda., a qual estava realizando pesquisas para a Petrobras. Ali nos foi informado e explicado que essas pesquisas são feitas por um sistema eletrônico semelhante ao usado para o eletroencefalograma, sendo que através daquelas pesquisas se obtêm informações do solo, de camadas de até cinco mil metros de profundidade.

Existem longos cabos com uma espécie de grampo a cada dois metros aproximadamente, os quais são espetados na terra e os cabos ligados a um computador que, através de vibrações emitidas, recebe as informações das camadas.

Essas informações são posteriormente enviadas ao Rio de Janeiro e da lá vão para os Estados Unidos, onde são analisadas e os resultados enviados à Petrobras, que terá, assim, conhecimento sobre lugares com possibilidades de exploração petrolífera.

— Faz muito tempo que vocês estão aqui?

— Não. Chegamos semana passada. Quando terminarmos os trabalhos nessa região vamos para a região de Dourados.

— Vocês já fizeram quais regiões?

— Desde o Estado de Santa Catarina para cá, a gente vem fazendo esse trabalho.

— E quanto tempo vocês ficam assim acampados? — quis saber Dalibor.

— Ah! A gente fica de sessenta a noventa dias sem ir em casa! Não é fácil não...

— Aí, Dalibor! Nessa firma você não poderia trabalhar — comentou Henriquinho. — Só faz quatro dias que estamos fora de casa e você já não tá aguentando!

O acampamento era bem organizado, com diversas barracas e trailers, onde funcionavam vários setores, tais como oficina mecânica e de eletricidade, almoxarifado, rancho, lanchonete, cozinha, alojamentos etc.

Ali só se encontrava o pessoal de apoio, posto que os funcionários ligados diretamente às pesquisas estavam no campo. Ao todo, o acampamento comportava cento e cinquenta homens, de diversas nacionalidades.

Logo o Evandro avistou um cachorro da raça husky siberiano e, sendo um criador de cão de raça, já se interessou pelo animal.

— Olha lá, tio! Um husky siberiano! De quem é esse cachorro? — perguntou a um funcionário que nos servia de cicerone.

— É do pessoal aqui do acampamento. Era um casal, porém a fêmea foi morta por engano. Tinha uns caras caçando por aqui e pensaram que era um lobo.

— Eu crio dog alemão! Ele é manso?

— É, inclusive ele não está muito bem! Esse cachorro sente muito calor aqui nessa região.

— É cachorro de clima frio. Realmente eles sofrem muito por aqui.

— Olha que legal! Ele tem um olho azul e outro castanho! Que barato, cara! — admirou Dalibor.

— Isso não é raro nesses cachorros.

Pronto! Agora o Evandro estava na área dele, e ali ele era mais ele! "Doutor em cachorros", começou a tecer seus comentários e opiniões e posar juntamente com o cachorro para uma foto.

Capítulo VII

PARALISADOS POR UM FILA

Após aquela rápida visita e havermos trocado a água de nossos cantis por água gelada, reiniciamos a caminhada, quando então o Henriquinho nos disse que a carga aumentara, já que o pai havia mandado dois pacotes de bolachas.

— Onde você arrumou essas bolachas?

— O pai mandou pelo ônibus. Enquanto vocês estavam conversando, o ônibus passou por aqui e o Mauro nos deixou esses pacotes, dizendo que foi o pai quem mandou.

Logo chegamos a um lugar bem interessante, onde a paisagem oferecia vários bons ângulos para que pudéssemos fazer boas fotografias. Aproveitei que o filme de *slides* que estava na câmera terminara para usar uma ponta de filme em branco e preto e coletar algumas imagens para serem enviadas ao jornal de Presidente Epitácio.

Já não estávamos tão distante da fazenda Nova Ariranha, ponto estabelecido para o nosso almoço. Como havíamos deduzido de manhã, o sol deu mostras de vida, castigando os nossos corpos, que até então não haviam experimentado um dia de sol durante e nas condições daquela caminhada.

— Hi!... Se fizer sol o dia inteiro nós estamos lascados! Não vai ser nada fácil caminhar nesse calor.

— Ô Dario?! Nós vamos parar na porteira da fazenda ou no "corguinho"? — quis saber o Henriquinho.

— Vamos ver como está a beira do córrego. Se não estiver muito sujo, a gente prepara o almoço ali. Eu acho que deve ter muito barro lá! Lembra que no dia em que passamos de carro para Epitácio a água tava passando por cima da estrada?!

— Eu tô a fim é de tomar um banho! — exclamou o Dalibor.

— Tio! A fazenda já é naquela baixada, não é?

— Ham, ham...

Como eu havia previsto, o córrego da fazenda Nova Ariranha não oferecia condições para que ali fizéssemos nossa parada de almoço, pois, além de ter suas margens muito barrentas devido à cheia dos dias anteriores, não apresentava nenhum local que oferecesse condições para que preparássemos o almoço confortavelmente. Decidimos chegar até a entrada principal da fazenda, uns cem metros adiante.

Era por volta do meio-dia e o sol estava em sua força total. Quase tão cansados e doloridos como no dia anterior, chegamos à entrada da fazenda, um lugar bastante agradável e arejado, onde existe uma árvore para o lado de fora da cerca de madeira que encerra um pequeno bosque de eucaliptos.

Tão logo nos libertamos dos pesos das mochilas, eu e o Dalibor nos dirigimos à sede da fazenda a fim de pedirmos um pouco de água e também solicitar permissão para que ficássemos ali por algumas horas.

Por intermédio de um garoto que saía com uma carroça carregada de mangas, fomos informados com quem deveríamos falar. Assim seguimos para o pátio da casa principal, rumo a uma árvore sob a qual estavam alguns homens.

Caminhávamos descontraidamente quando, para nossa preocupação, fomos recebidos por um enorme cachorro fila, o qual partiu com tudo pra cima da gente, fazendo nosso sangue gelar.

— Ai, meu Deus do céu! E agora, Dario!

— Vamos ficar parados e sem fazer movimentos bruscos. Correr não vai adiantar nada, muito pelo contrário! O negócio é torcer para que ele acredite que somos de bem...

— Ai, meu Deus!

E o bicho veio se aproximando, soltando aqueles latidões e não dando bola para os chamados do dono. Foi chegando, chegando, chegando... Até que estava aos nossos pés! "Pés" é força de expressão, porque a altura do animal dava em nossas cinturas. Já não latia mais, apenas nos cheirava soltando fungados dos quais sentíamos o bafo nas pernas. Estávamos feito estátuas e eu apenas estalava os dedos, na forma típica de tratar com cães, até que para nosso "meio alívio" percebemos o clássico abano de rabo. Aquilo me encorajou a passar a mão em sua cabeça. Pronto! Por aquele momento a amizade estava estabelecida.

Aqueles momentos me fizeram lembrar do dia em que a Nida foi mordida pelo cachorro da Dona Zenaide, nossa professora de piano, em Epitácio. Naquele dia estávamos chegando para as aulas de piano, na residência da professora, quando a Nida, na tentativa de agradar o cachorro para que ficássemos mais tranquilos, passou a mão na cabeça do mesmo e o tiro saiu pela culatra: "Guerreiro, Guerreiro!...".

Nhac! Lá estava a mão da garota, abocanhada pelo Guerreiro. A título de ilustração, o Guerreiro era um cachorro rajado, com características físicas de um dobermann!

Autorizada a nossa permanência na entrada da fazenda, nos dirigimos à casa principal para pegarmos água para o preparo de nosso almoço.

— Vou aproveitar para lavar a minha mão. Fiquei alisando aquele cachorro e ele tava numa catinga danada!

— Hum! Eu passei um cagaço, rapaz!

Para o almoço, o Evandro preparou o já famoso arroz, que durante o cozimento exalava um cheiro não muito agradável. Enquanto nosso cardápio era preparado, saboreamos algumas mangas que o Henriquinho havia pedido ao garoto da carroça.

— Evandro! Vamos caprichar nesse arroz aí! Enquanto isso eu vou fazer uma limonada.

— Bom, enquanto vocês preparam esse grude, eu vou tirar uma soneca — avisou Henriquinho.

O local onde estávamos tinha o solo coberto por capim colonião bem rasteiro, o que até ajudava num cochilo, porém não era o ideal para o equilíbrio do fogareiro onde estava a panela de arroz e, por mais cuidado que teve o Evandro em equilibrar o equipamento, ele acabou caindo com panela e tudo.

— Ôooooo... Bu... cfe... tfaaa!... — desabafou o Evandro, mordendo o lado do dedo indicador de uma das mãos e com a outra segurava a mão mordida para que a mesma não saísse da boca.

— O que foi, Evandro?!...

— A panela caiu, mas não chegou a derramar toda a água.

— Hi!... Agora é que esse arroz vai ficar ruim!

— O droga! Isso me dá um nervoso!

— Calma, Evandro!

O Evandro tem um tique todo original quando fica nervoso. Coloca o lado do dedo indicador à boca e morde, enquanto resmunga qualquer coisa relacionada ao fato. O local dessas mordidas já está até calejado.

Passados todos esses imprevistos, finalmente o arroz estava pronto. Meio papa, mas estava pronto! Não havia ficado com o sabor dos melhores pratos, porém não tínhamos outra solução senão encará-lo!

— E então, pessoal?! Vocês acham que a gente consegue andar mais, hoje?

— Quantos quilômetros tem daqui até o próximo "córgo", heim, Dario? — quis saber Henriquinho.

— Treze quilômetros.

— Ah! A gente consegue sim. É só não pararmos a toda hora!

— Então, vamos descansar mais um pouco e vamos botar os pés na estrada.

— Evandro! Agora é você quem vai lavar as panelas! — disse Dalibor.

— Vamos lá comigo, tio Cucú?!

— Tomem cuidado com o fila preto!

Enquanto o Evandro e o Henriquinho foram para a casa da fazenda a fim de lavarem a panela, pratos e talheres, eu e o Dalibor ficamos ajeitando as coisas nas mochilas para podermos reiniciar a caminhada logo mais.

Já de volta, o Evandro não deixou de fazer a sua observação a respeito do fila.

— Eita, tio! Vocês estavam com tanto medo do cachorro que até confundiram a cor, achando que era preto. O cachorro é marrom escuro.

— Ele pode até ser amarelo, mas naquela hora a coisa tava preta mesmo!

— Enquanto vocês ficam falando de cachorro, olhem o toró que vem vindo lá! — alertou Henriquinho.

Capítulo VIII

SOB A CASINHA DO COCHO DE SAL

O tempo se transformara repentinamente, havendo o sol cedido lugar ao nublado e o vento que soprava mais forte agora. Era a típica chuva de verão, que da mesma forma repentina que surge vai embora. Porém ela cai em forma torrencial e não seria nada interessante que fôssemos apanhados por ela na estrada.

— Bem, eu acho que não convém sairmos agora. É bom esperar o tempo melhorar.

— Mas se a gente ficar aqui vai molhar do mesmo jeito!

— Então vamos fazer o seguinte, vamos para aquela casinha de cocho de sal! Ali a gente fica protegido até a chuva passar.

Assim foi feito e, tão logo nos ajeitamos sob a casinha do cocho de sal, a chuva desabou e o vento que a acompanhava fez com que a temperatura caísse o suficiente para que começássemos a sentir frio. É evidente que isso já foi motivo mais que o suficiente para tomarmos um gole de conhaque.

Por sorte, o Dalibor teve a feliz ideia de depositar nossas mochilas no esteio horizontal da cobertura da casinha, onde ficaram livres da água levada pelo vento. A chuva teve a duração de aproximadamente quinze minutos.

Enquanto aguardávamos sob a casinha, pudemos observar outro grupo de aventureiros que passavam em sentido contrário ao nosso; esses, porém, utilizando-se de motocicletas. O fato que nos deixou curiosos foi que com aquela chuva toda, a subida que os motoqueiros tinham logo à frente, de terra remexida, àquela altura um barro só, seria um grande desafio. Ficamos observando para ver o que iria acontecer e naturalmente que nos divertimos um bocado ao ver como as motocicletas derrapavam e dançavam de um lado para outro.

— Hipiúúúúúú!

— Ei, pessoal! O ônibus vem vindo lá! Evandro, escreva rápido um bilhete para o vô, dizendo que vamos chegar a Anaurilândia somente amanhã, e que por aqui está tudo bem!

A chuva já estava parando e assim nada mais nos prendia àquele lugar. Tínhamos treze quilômetros pela frente, sem água em nenhum de seus pontos intermediários, motivo pelo qual teríamos de chegar ao córrego, de qualquer jeito.

— Daqui até chegarmos ao córrego não existe água e nenhuma casa por perto. Portanto, vamos economizar nossa água ao máximo. Somente a hora que tivermos bastante sede é que vamos beber, OK?!

Dali para frente a paisagem era constituída de um cerrado mais alto, onde podíamos apreciar outros tipos de aves, tais como as maritacas e papagaios, em reduzidos bandos, aqui e acolá. O canto das cigarras se fazia presente de forma bem mais acentuada e, volta e meia, ao longe se ouvia o nambu-guaçu, a codorna e também alguma perdiz. Era a Natureza festejando a passagem da chuva e proferindo seus derradeiros gritos ao entardecer.

— Olha lá, Dario, seus colegas vêm vindo!

Tratava-se de uma viatura policial da cidade de Anaurilândia, que havia passado por nós, quando estávamos na casinha do cocho de sal. Agora estavam retornando para Anaurilândia. Ao se aproximarem, o policial que estava ao volante nos perguntou se o Adão já havia vindo ao nosso encontro.

— Não! Até agora ele não apareceu por aqui!

— É que ele já está preocupado, pois vocês disseram que estariam em Anaurilândia ontem ou hoje!

— Ocorre que estamos com dois dias de atraso. Mas você pode fazer um grande favor pra gente. Ao chegar a Anaurilândia, seria possível avisar o Adão de que somente chegaremos amanhã?

— Pode deixar que a gente avisa.

— Avise também que tudo está indo bem!

— Mas afinal de contas, por que é que vocês estão andando a pé? É alguma promessa?

— É o que todos perguntam. Não, não é promessa, é que estamos de férias e aproveitamos o tempo para realizarmos uma experiência nova e observar melhor a natureza! Eu sou colega de vocês. Sou escrivão na delegacia de Nova Andradina!

— Ah, é? Eu também sou escrivão aqui em Anaurilândia! Pode deixar que a gente avisa o Adão... Tchau, então!

Faltavam ainda alguns quilômetros para chegarmos ao córrego e já estávamos sentindo que o nosso limite estava próximo outra vez. Resolvemos fazer uma paradinha e aproveitar para beber um pouco de água.

— Ai, ai, ai... meu pé já tá "ixprudindo"!

Todas as chances que se tinha de encaixar ao nosso sofrimento o palavreado e os termos usados pelos caminheiros e pessoas com as quais tivemos contato até então eram aproveitadas num percentual de cem por cento. O Dalibor e o Evandro eram os que mais se encarregavam desse detalhe.

— Eu não consigo esquecer o japonês! "San Paro, no!". Será que aquele japonês ia mesmo pra São Paulo?

— Ué, por que não? Esse povo não tem casa nem lugar de residência! Pra eles tanto faz estar hoje aqui e amanhã ali que está tudo no mesmo! Portanto, é bem possível que daqui a algum tempo ele chegue a São Paulo.

— Ó, vocês ficam aí conversando de japonês, de pé explodindo e não sei mais o quê e enquanto isso nosso corpo tá esfriando! — alertou o Henriquinho. — É melhor a gente ir andando, porque se for nessa batida o japonês vai chegar primeiro que nós!

— É isso aí, pessoal! Vamos andando e agora só vamos parar lá no córrego! É na próxima baixada!

Capítulo IX

MAIS QUE UM SIMPLES LUGAR

Para o nosso desânimo e até desespero, na próxima baixada não existia córrego nenhum, apenas a entrada da fazenda Esperança, cuja sede se localizava a aproximadamente três quilômetros fora da estrada. O córrego estava numa próxima baixada, a uma distância de um quilômetro e pouco.

Nem mesmo cavalos poderíam ser usados como meio de transporte.

— Ah! Vocês vão me perdoar, mas eu vou parar um pouco. Tô que não me aguento! Que dia é hoje?

— Sexta-feira. Por quê?

— Porque eu tô preocupado com o meu serviço. Segunda-feira eu tenho que estar lá, sem falta!

— Tudo bem, Dalibor! Amanhã a gente chega a Anaurilândia e então você liga para Bataiporã e resolve esse problema. É impossível que eles não te concedam mais um ou dois dias.

— Isso não se resolve por telefone! O que eu quero que vocês entendam é que a partir de segunda-feira a escola estará sob minha responsabilidade. E também começarão as matrículas. Eu fui bem claro quando disse que somente viria na caminhada se domingo a gente já estivesse em casa!...

— Eu sei disso, Dalibor! Portanto, quando chegarmos a Anaurilândia, você pega uma carona e vai pra casa. Mas até lá você não tem porque se preocupar com serviço, pois ainda será sábado!

— Mas sem aquele lance de querer voltar com o carro, não é, tio?!

— Puta, mas o Evandro não perde oportunidade!

— A conversa tá boa, mas vamos andar pessoal! Estamos chegando e lá a gente vai descansar de vez! Vamos andando que o meu pé já tá "ixprudindo"!

Caminhamos mais um pouco e chegamos ao córrego, apesar de suas margens serem muito sujas, ali havia um lugar onde poderíamos montar o nosso acampamento.

Enquanto o Henriquinho e o Evandro permaneceram no local, eu e o Dalibor fomos dar uma olhada ao redor. Foi quando avistamos uma casa, provavelmente do proprietário do lugar, para onde nos deslocamos a fim de comunicar que iríamos acampar às margens do córrego.

— Eita, Dario! Olha que lugar bonito! Tem até um "corguinho" que passa pelo quintal da casa, meu! Será que o dono deixa a gente tomar banho aqui?!

— É isso que nos vamos ver agora!

— Pede pra ele deixar a gente acampar por aqui!

À primeira vista o local era realmente muito bonito, especialmente naquele entardecer de dia em que já chovera. Um homem estava ao portão da casa, encostado no palanque da cerca de pau a pique, observando a nossa chegada. Alguns cachorros vieram nos encontrar, porém sem oferecerem a mesma impressão perigosa que nos causou o fila da fazenda Nova Ariranha.

— Boa tarde, Senhor! Como vai?

— Boa tarde... O que é que manda?

— Nos somos de Batayporã e estamos fazendo uma caminhada desde Presidente Epitácio... são cento e setenta e seis quilômetros!

— E vocês vão fazer essa distância toda a pé?!

— É... Toda ela!

— É preciso coragem, heim!

— E um pouco de loucura também não acha?

— É, tem que ser "meio doido!"

— Bem! Mas o que a gente precisa é... Como é o nome do senhor?

— Nilo! Nilo Correa.

— Ah! Muito prazer seo Nilo! Eu sou o Dario e esse aqui é meu irmão Dalibor. Há mais dois companheiros que estão aguardando lá na beira do "córgo". O negócio é o seguinte, seo Nilo, a gente queria saber se o senhor nos autoriza armarmos nosso acampamento para podermos passar a noite por aqui!

— Autorizo sim! Podem armar o acampamento ali mesmo na frente daquele barraco, onde está o trator!

— Inclusive, a gente não pretende causar nenhum transtorno. Nós temos todo o nosso equipamento, desde barraca até "tralha" de cozinha.

— Mas vocês podem até ocupar esse barraco. Eu vou tirar o trator dali e assim vocês podem usá-lo pelo menos para preparar a "boia"!

— Outra coisa, seo Nilo, — continuou Dalibor — será que a gente também poderia tomar um banho nesse corguinho? É que já estamos um dia e meio sem tomar banho.

— Pode sim! Vocês usam a parte de baixo dele!

Assim acertado, fomos chamar o Henriquinho e o Evandro para montarmos o nosso acampamento naquele gostoso lugar.

Realmente após conhecermos melhor aquela propriedade, percebemos que era bem mais bonita e agradável do que se parecia à primeira vista. O Sr. Nilo Correa havia desviado uma parte do córrego e com isso conseguiu transformar o pomar de sua casa num verdadeiro paraíso, onde diversas espécies de árvores, frutíferas ou não, davam ao ambiente um ar bastante natural.

A fazenda tem o nome de "Sempre Viva" e conserva toda aquela simplicidade que faz da Natureza aquele algo muito especial e insubstituível. O desvio do córrego também abastece a casa através de uma "bica" de cimento que passa pela varanda e retorna para o pomar. Ali é a Natureza a serviço do homem e vice-versa. Tudo à volta prometia um descanso merecido.

Já era noite quando terminamos de montar o acampamento. O Evandro e o Dalibor já haviam tomado banho e preparavam o jantar, que naquela noite foi o fatídico arroz, agora com um pouco de couve cedida pelo seu Nilo, além de quase um litro de leite que também nos foi doado. Nas regiões de campos e cerrados, durante a noite, geralmente a temperatura cai bastante e, por esse motivo, quando eu e o Henriquinho fomos tomar banho, após haver verificado a temperatura da água, é que eu resolvi ficar ainda aquela noite sem tomar banho. É que a água tava fria pra cacete!

— Você não vai tomar banho, Dario?! — perguntou admirado o Henriquinho.

— Ah! Meu!... Quati é que entra nessa água!

— Ah, Dario... Deixa de ser porco!

— Não é questão de ser ou não porco! Entrar nessa água, do jeito que você entrou, é loucura! Prefiro fazer outra caminhada!

É evidente que ao chegarmos de volta ao acampamento, o Henriquinho não deixou de contar o fato aos outros.

— Gente, se eu contar uma coisa pra vocês, vocês não vão acreditar!

— Eu já até sei o que é — comentou Dalibor. — O Dario não tomou banho!?

— É.

— Ah! Ô tio Dario, não esculhamba não!

— Vocês vão me desculpar, mas aquela água tá fria que "só o capeta"! Quando chegar a Anaurilândia eu tomo um banho.

— Ô Henriquinho, você lembra de quando o Chiquinho esteve em casa e foi "ver a nossa sorte"?

— Lembro.

— Se o Dario estivesse lá, ele ia falar desse jeito: "Hum, hum... puf, puf! Esse menino... esse menino tem o isprito de botá os irmãos dele em fria! Hum, puf, puf!".

— Ah! Ah! Ah!...

— Como é mesmo essa história? — quis saber.

— Uma vez o Chiquinho esteve lá em casa e deu passe em todo mundo. Quando chegou a vez do Nelson, ele falou assim: "Puf, puf... esse menino tem uma sulitarazinha, mas com uns remedin sara". Aí foi a vez do Henriquinho: "Hum... puf, uf, puf... esse menino... esse menino tem sprito de caçadô... Tem umas lumbriguinha, mas isso não é nada!". Aí, se você estivesse lá a coisa seria assim: "Hum, hum, puf, puf... esse menino... puf, puf, puf... esse menino tem o sprito de botá os irmãos dele em fria... hum, puf, puf... inventá caminhada... puf!".

— Ah! Ah! Ah!... Hipiúúúúú!

— É, Dario! Você dá risada, mas a coisa é séria! Você inventa essas caminhadas e a gente, pra não deixar você sozinho, te acompanha e se lasca todo!

— Olha! Vocês ficam falando assim, eu vou ficar com remorso! É capaz de eu nem dormir essa noite!

Tivemos uma noite bastante agradável e tranquila, até que de madrugada despencou um respeitável toró. Foi uma chuva pra ninguém botar defeito. Era daquela que parece ficar arrodeando o local e não vai embora. Quando se pensava que estava parando, ela vinha com toda a força outra vez, causando a impressão de que iria atravessar o pano da barraca. Porém, isso ficou mesmo só na impressão, já que a barraca suportava muito bem uma chuva daquele tipo, desde que não perdurasse durante a noite toda. Após esse vai e vem de chuva, que persistiu por aproximadamente uma hora, a coisa amenizou e se resumiu a uma chuva fina que se manteve até o dia amanhecer.

Como era de se esperar, o dia amanheceu com tempo bastante fechado, porém sem cair água, o que nos permitiu desmontar o acampamento e arrumar as coisas sem qualquer problema. Àquela hora o Sr. Nilo já havia saído com o trator.

Enquanto o Evandro preparava o nosso café da manhã, no caso um curau, aproveitamos o tempo para conhecer melhor os arredores da propriedade. Conversamos com um neto do seu Nilo, o qual já nos havia reconhecido no dia anterior, havendo dito que esteve no festival de música de Anaurilândia quando ganhamos o primeiro lugar com uma canção sobre o rio Samambaia.

— E aí? O que você achou da nossa música?

— Foi muito bonita!

Estávamos tomando um café preparado pela filha do Sr. Nilo, quando lá apareceu o Adão, juntamente com outros dois rapazes.

— Eh, pessoal! Mas só vocês mesmo para fazerem uma loucura dessas! Como estão as coisas? Tudo bem?...

— Como vai, Adão? Está tudo bem conosco! Você não recebeu o nosso recado ontem?

— Não! Ninguém me falou nada!

— Ah! Essa não! Nós mandamos um recado pelo escrivão de polícia, para que ele lhe avisasse que chegaríamos somente amanhã, ou seja, hoje!

— Pois é! Eu estive com ele ontem à noite e ele não me disse nada!

— Mas que cara irresponsável, pô!

— Inclusive eu havia falado para eles que se encontrassem uns rapazes pela estrada não era para estranharem, pois eram conhecidos meus que estavam fazendo uma caminhada.

— E eu ainda disse pro cara que esse recado era importante!

— Ah, mas ele é mesmo assim, meio desligado. Bem! Mas vocês estão precisando de alguma coisa?

— Não, Adão! Pode ficar sossegado. Logo mais nós estaremos chegando à sua casa.

— É capaz de vocês chegarem lá só de tardinha.

— Bem, mas de qualquer forma, chegaremos lá.

— Então eu já vou indo. Vou estar esperando!

— Tá legal! E obrigado pela preocupação!

Logo que o Adão saiu, nós também pusemos os pés na estrada e ainda tivemos tempo de nos despedir do Sr. Nilo. A chuva que começara a cair fizera com que ele retornasse para casa.

Nossa vontade era ficar por ali durante mais algum tempo, mas ainda tínhamos muito chão pela frente.

Capítulo X

UM LOBO, TRÊS CABRITOS E QUATRO HERÓIS

Já estávamos no quinto dia de caminhada. Era um sábado, dia 7 de janeiro. Caía uma chuva fininha, o que não era suficiente para impedir que prosseguíssemos, já que nossas mochilas estavam cobertas com um saco plástico. Aquela condição de tempo se fazia bastante favorável para nossa caminhada, pois mantinha nosso corpo em uma temperatura agradável.

Melhor habituados ao ritmo da jornada, e ainda pelo fato de que naquele dia chegaríamos a Anaurilândia, onde descansaríamos sobre colchões e entraríamos em contato com o nosso pessoal, mostrávamos um outro ânimo e até mais confiança de que chegaríamos até o fim. O Dalibor já não reclamava tanto, pois estava praticamente decidido que ele iria para casa quando estivéssemos em Anaurilândia, munido inclusive de uma convincente justificativa: "o serviço".

— Evandro! — chamou Dalibor. — Puxa aí a historinha dos três cabritinhos e o lobo!

E o Evandro mandou brasa, iniciando com voz fina e idêntica ao som do disquinho.

— Tip, top, top... tip, top, top... Água fresquinha para beber! Nhoc, nhoc, nhoc... Nhoc, nhoc, nhoc... Grama verdinha para comer! Tiririroron, tiroron!

Aí o Dalibor respondia com voz de lobo mau:

— Queemmm está bebendo a água da minha foonnnntee?

— ?! Sou eu seo lobo! Um cabritinho muito pequenininho e muito bonitinho!

— Ah! Espera aí que eu vou te comerrr!

— Não faça isso seo lobo! Eu sou muito pequeno para o seu almoço! O meu irmão vem vindo aí atrás e é bem maior que eu.

— Está bem! Você é muito pequeno para o meu almoço! Pode passar!

Aí era a vez do outro cabrito. Esse com voz mais adolescente, de quem está entrando na puberdade.

— Tip, top, top... Tip, top, top... Água fresquinha para beber!... Nhoc, nhoc, nhoc... Nhoc, nhoc, nhoc... Grama verdinha para comer! Tiririroron tirororon!

— Queemm está bebendo a água da minha foonntee?

— ?! Sou eu, seo lobo! Um cabrito jovem e muito bonito!

— Ah! Ah! Ah! Espera aí que eu vou te comerr!

— Não faça isso seo lobo! Eu ainda sou muito pequeno para o seu almoço! O meu irmão que vem vindo aí atrás é bem maior do que eu!

— Está bem! Você é mesmo muito pequeno para o meu almoço! Pode passar!...

Então, chegou a hora e a vez do terceiro cabrito. Um cabritão experiente e bastante usado. Bem mais decidido. Voz grossa.

— Tip, top, top... Tip, top, top... Água fresquinha para beber!... Nhoc, nhoc, nhoc... Nhoc, nhoc, nhoc... Grama verdinha para comer!

— Queemm está bebendo a água da minha foonntee?

— Sou eu! Um cabrito bem grande, forte e sacodido!

— Ah! Espera aí que eu vou te comerr!

Nessa parte o Evandro desvirtua toda a historinha.

— Queemm vai te comer sou eu, seo lobo safado! Pode tratar de virar pra cá essa bunda cabeluda!...

O Dalibor e o Evandro davam um verdadeiro *show* com essa e outras histórias, o que fazia com que o tempo e a distância se tornassem imperceptíveis.

Além dessa, eles encenavam a história dos quatro heróis, no caso, um burro, um cachorro, um gato e um galo, os quais foram rejeitados pelos seus respectivos donos e, em consequência disso, saíram pelo mundo, um a um, até se encontrarem e estabelecerem um quarteto. Dessa estória também participávamos eu e o Henriquinho, quando chegasse o momento da imitação dos bichos, sendo que cada um de nós fazia um bicho.

Então, caminhávamos feito quatro fugitivos de algum hospício. Virtualmente, os quatro heróis.

— Hum, hum!...

— Au, au!...

— Miaauu!...

— Cocoróóó... có!...

E assim, nessa batida, chegamos ao ribeirão Quiteroi, onde, na entrada da fazenda Catetinho, fizemos uma rápida parada para esperarmos a chuva passar, já que era mais grossa. Protegidos sob uma árvore, aproveitamos para bebericar o restante do conhaque que ainda havia no litro. Estávamos a onze quilômetros de Anaurilândia!

— Essa chuva não vai parar! O negócio é a gente encarar assim mesmo.

— Então, vamos indo!

Sob aquela chuva de média intensidade, caminhamos pela estrada sinuosa daqueles campos, passando por várias fazendas e ouvindo o canto da seriema, até que começamos a subir para um terreno mais alto, onde a vegetação já se modificava de cerrado para mata de espigão. O leito da estrada, até então de areia, dava lugar agora ao piso de terra!

Ali, o Dalibor aprontou mais uma de suas sessões de humor, quando, ao avistar um galo na beira da estrada e próximo a uma casa, imitou um andarilho faminto e saiu ao encalço da ave.

— Um galo! Oh, meu Deus! Um galo!... Estamos salvos!

Naturalmente que tudo aquilo não passando de simples brincadeira, logo deixou o galo em paz.

O Dalibor é de uma versatilidade fora do comum e diante de determinadas situações e elementos que as compõem, em frações de segundo, cria e encena os atos necessários para estabelecerem uma relação humorística com a realidade do momento.

Por isso, sua presença na equipe sempre foi de fundamental importância pra que a rigidez da jornada não nos atordoasse por completo.

Acabávamos de completar o aclive do terreno, quando nos vimos às voltas de sermos irremediavelmente surpreendidos por um daqueles torós que fazem com que fiquemos em silêncio.

— Eu tô vendo que essa chuva já vem ensebando a gente faz tempo! — profetizou o Henriquinho. — Agora ela vai nos pegar!

— Pois eu acho que ainda não é desta vez.. Olha lá uma casa! Vamos correr para lá!

E assim fizemos, na continha de tomarmos uma ducha, pois aquela chuva não perdoaria nem as nossas mochilas que estavam envoltas em plástico. Primeiro entramos na varanda da casa, para depois pedirmos licença a um rapaz que ali se encontrava. Era um caso de emergência.

De vinte a trinta minutos foi a duração da coisa até voltar a chuva mansa que nos acompanhava durante toda a caminhada daquele dia.

Logo que retornamos à estrada, avistamos a torre de televisão de Anaurilândia e aquilo, por certo, avivou nosso ânimo, pois estávamos bem próximos de iniciarmos um descanso mais prolongado e confortável.

— Atenção, pessoal! — recomendou o Dalibor. — Quando o Adão for cumprimentar a gente, não vamos dar o pé ou então dar coices!

— Será que ainda vai ter almoço pra nós?!

— Sei lá, Evandro! Se não tiver, não tem importância! A gente toma um leite e pronto. Logo, logo já é hora da janta!

— Eu tô mesmo é a fim de descansar! — comentou o Henriquinho. — Meu pé tá doendo pra peste!

— Lá a gente passa a pomada e você enfaixa o pé.

Capítulo XI

UM TELEFONEMA PROVIDENCIAL

Já passava das 14:00 h quando entramos na cidade. E sob os olhares de curiosidade dos transeuntes percorremos as ruas até chegarmos à casa do Adão.

Toda aquela curiosidade não nos surpreendia, pois, na verdade, formávamos figuras bastante interessantes, ou pelo menos despertativas de atenção. Carregávamos mochilas, porém não tínhamos aparência de *hippies* e também não poderíamos ser taxados de andarilhos, pois trajávamos camisetas e bonés iguais, com emblema e tudo, justamente para se transmitir a ideia de que formávamos um grupo organizado. Talvez pudessem pensar que éramos loucos fugitivos de algum hospício e que nossas camisetas iguais eram o próprio uniforme do manicômio.

O peso das mochilas foi o maior responsável pelo esgotamento físico.

Enquanto que sobre a mochila do Henriquinho estava amarrado o saco contendo os ferros da barraca, a minha e a do Dalibor traziam nas extremidades de seus ferros laterais um par de sapatões, cada uma. Agora, o Evandro estava muito engraçado, já que transportava as panelas penduradas do lado de fora de sua mochila.

Plac, plac, plac, plac ... [som de palmas, dessas de chamar alguém de dentro da casa].

— Oi! O Adão tá aí?

— Oi! Tá sim. Vou chamá-lo. Entrem!

Era uma moça morena que há muito tempo trabalha na casa do Adão. Eu a conheço, porém, nesse momento, não me lembro o seu nome! Bem, isso não importa. O que importa é que havíamos chegado ao nosso destino daquele dia. Depositamos nossas mochilas na varanda, bem como retiramos os calçados molhados e também as camisetas que estavam dobradas sobre os ombros para amenizar as dores provocadas pelas alças das mochilas. Enquanto isso, o Adão veio nos receber.

— Mas vocês andaram rápido, heim? Eu tava esperando que vocês fossem chegar lá pelas quatro ou cinco horas!

— É que nós viemos praticamente sem parar! Paramos somente na hora daquele toró. Por sorte encontramos uma casa logo que começou a chuva!

— Vamos entrar! Ah! O seu pai vem vindo para cá com a Dona Marina. Ele ligou agora mesmo e perguntou por vocês, eu falei que tava tudo bem e que vocês iam chegar de tardinha.

— Ai, meu Deus! — preocupou-se o Dalibor. – Será que o pai vai vir com o nosso carro? O carro está totalmente sem breque!

— Olha, talvez eles ainda nem saíram! Liguem para lá!

Enquanto nos eram mostrados os quartos e banheiro que iríamos usar, o Evandro ligou para Batayporã e falou com a

Nida, a qual informou que o pai e a mãe já haviam saído de Bataiporã e que estavam usando o nosso carro, o que de certa forma nos deixou um tanto quanto preocupados.

— Será que o pai não vai passar direto? — perguntou Dalibor. — É melhor algum de nós ficar na esquina!

— Não precisa isso não, eles vão vir aqui em casa! — tranquilizou Adão. — Pois eu mesmo falei com o seu pai.

Apesar de já haver passado a hora do almoço, nos foi preparada uma mesa, oportunidade em que não dispensamos a carne que foi servida, já que nosso organismo estava, agora, habituado ao esforço físico. Não demorou muito e o pai e a mãe chegaram. Então nos pusemos a conversar sobre a caminhada e também como estavam as coisas em casa. Foi uma conversa de verdadeira troca de informações. Todo mundo querendo saber e querendo contar.

Enquanto isso, um a um, tomamos nosso banho e nos reunimos na sala, aonde, também, logo chegaram a Eni, esposa do Adão, e uma família que ali estava em virtude de um desfile de modas que haveria na cidade naquela noite. E naquele clima de festa, eu e o Dalibor cantamos algumas canções, proporcionando assim um tipo de comemoração como se fosse a festa de uma chegada.

É evidente que num ambiente descontraído como aquele, entre um chimarrão e outro, os detalhes de nossa caminhada até começaram a vir à tona e, dessa forma, eu não escapei de ser adjetivado como sendo o porquinho da jornada, posto que impiedosamente meus companheiros de aventura informaram aos presentes que eu ficara dois dias seguidos sem tomar banho.

— Credo, Dario! Como você conseguiu ficar sem tomar banho?!

— É que vocês não sentiram a temperatura da água desses córregos por aí! Quati é que entra naquelas águas!

Havia ficado decidido que o Dalibor voltaria para casa no dia seguinte, em companhia do pai e da mãe, sob a alegação de que na segunda-feira deveria estar no trabalho.

— Quer dizer que não tem jeito mesmo de resolver esse problema por telefone, heim, Dalibor?!

— Puxa vida, mas vocês não entendem mesmo!

— Tudo bem, tudo bem! Não precisa se zangar!

Logo mais à noite, enquanto o churrasco estava sendo assado, eu telefonei para casa, oportunidade em que falei com a Celeste e as crianças.

— Alô!

— Alô! Como vai? Tudo bem?

— Oi!... Eu é que quero saber como está indo a caminhada! Aqui está tudo bem! Todo mundo torcendo por vocês.

— Por aqui também está tudo bem. Somente o Dalibor é que vai embora amanhã, com o pai e a mãe!

— Ué! E por quê?! Logo agora que vocês estão quase conseguindo ele vai desistir?! Não deixa não!

— Ah! Não tem jeito, ele diz que tem que estar aí segunda-feira, sem falta, por causa do serviço.

— Mas isso é tão simples de se resolver, basta telefonar para a escola e avisar. Eu acho que ninguém vai negar mais um dia ou dois para ele! Quando que vocês vão chegar?

— Se não acontecer nenhum imprevisto, chegaremos terça-feira de manhã. E as crianças, como estão?

— Tá tudo bem! Não precisa se preocupar! Pensem somente na caminhada, viu?!

— Tá legal! Olha! Liga para a Glorinha e diga a ela para ligar para o Henriquinho. E também dê um recado assim para a Gilmara, pois, quem sabe, se o Dalibor matar um pouquinho a saudade, ele resolva ir até o fim!

— Vou fazer isso! Tchau!

Não passou muito tempo a Glorinha ligou e logo em seguida foi a vez da Gilmara, quando então o Dalibor criou nova vida e todo cheio de razão nos informou que iria até ao final.

— Ué, tio! Mas e o problema do serviço? Você falou com alguém da escola?

— Não. Falei com a Gilmara e ela me disse que é para eu continuar... que se eu desistir agora ela me dá a maior bronca!

— Tá vendo como o problema não era nada de serviço! Era saudade mesmo!

— Evandro, você me respeita que eu sou seu tio!

— Não, tio! Não tem desculpa! O negócio é saudade e medo também.

O fato é que o Evandro tinha razão e desde o começo concordávamos com aquilo, sendo que a única diferença é que eu e o Henriquinho, tendo um pouco mais de bom senso, não explorávamos tanto o assunto, ao passo que o Evandro já adora uma discussãozinha e não deixava passar qualquer oportunidade que lhe surgia, especialmente se a outra parte fosse o Dalibor.

Aquele era um dia de festa, pois tínhamos várias razões para comemorar. Havíamos cumprido bem mais do que a metade do total do percurso e agora já tínhamos a confiança de que conseguiríamos chegar até ao final da jornada, ainda mais que agora tudo indicava que contaríamos com o total de ânimo por parte do Dalibor, o qual ali chegara devido grande habilidade nossa, ao enrolá-lo dia por dia.

Após saborearmos o delicioso churrasco oferecido pelo Adão e também nos deixar seduzir um pouco com a cerveja geladinha que era servida, finalmente fomos dormir e recuperar as energias para o dia seguinte.

Capítulo XII

NA MATA DOS PAPAGAIOS, UM GRITO DE SOCORRO!

Dia 8 de janeiro era o dia que, a princípio, fora estabelecido como o dia da chegada a Batayporã, porém, devido aos atrasos verificados, transformara-se no dia de partida da cidade de Anaurilândia.

Agora empreenderíamos um ritmo mais puxado, pois nossa intenção era, nesse dia, chagarmos ao ribeirão Três Barras, distante vinte e sete quilômetros desde Anaurilândia. O dia continuava nublado e bem fresquinho, o que facilitaria as coisas para nós.

— Eu acho que daqui ao Três Barras é um pedaço muito puxado para vocês tirarem em um dia! — opinou o Adão. — Eu aconselharia que vocês fossem apenas até ao Fumaça e amanhã chegassem ao Três Barras.

— O negócio é o seguinte, Adão! Quando a gente chegar ao Fumaça, aí é que vamos decidir se realmente aguentaremos chegar ao Três Barras! Vamos fazer o possível para isso, pois estamos querendo chegar a Batayporã na terça-feira.

— Eu acho que vocês vão chegar somente na quinta-feira! Daqui a Batayporã são mais de sessenta quilômetros!

— Sessenta e dois, para ser mais exato! Mas nós vamos fazer o possível para chegarmos na terça-feira!

Assim conversado, depois de nos servirmos de um café da manhã bem reforçado, reiniciamos a caminhada. Antes, porém, o Henriquinho retornou de carro até a fazenda Sempre Viva para buscar uma manta que o Evandro havia esquecido lá.

Ao início das passadas, percebemos todos os sintomas já nossos conhecidos dos dias anteriores. Eram as dores nos pés, nas costas, ombros e pescoço, sem contar com a extremidade da coluna que impiedosamente era chicoteada pelo maldito ferrinho da mochila. Ô ferrinho cricri!

Os mesmos olhares curiosos da chegada, agora desciam sobre nosso grupo, num semblante de admiração e desejo de boa sorte. Sorte essa que foi avistada como concreta quando logo na saída da cidade passamos por uma boiada que seguia nosso mesmo sentido.

— "Aí, moçada! Oceis parece que tão a fim de dar uma andada?!" — perguntou um dos condutores da boiada.

— É, a gente está fazendo um passeiozinho. Estamos vindo de Epitácio e vamos até Batayporã!

— E tudo no pé?

— É, tudo no pé.

— Eeeh! É assim que eu gosto de ver. Gente decidida mesmo! Boa sorte, moçada!

Devido à chuva do dia anterior, a estrada estava bastante encharcada e o barro se fazia um companheiro constante para os nossos pés. À medida que caminhávamos — chuéc, chuéc, chuéc, chuéc, chuéc, chuéc [som de passos na lama] —, as barras de nossas calças também eram agraciadas com a lama da estrada, porém isso não nos aborrecia, já que o dia estava bem agradável e a gente estava naquela de "quantos quilômetros faltam" e não naquela de "quantos quilômetros já andamos"; em outras palavras, a cada passo estávamos mais próximos de casa.

— Ô Dalibor! Imite o turco, aí!

— Na Líbano, gente também faz caminada, brimo... só que faz caminada de camelo... na deserto... bastante sol na deserto, brimo...! Pixão! Vem cá pixão! Traz cafezina bra Willian, pixão!

— Ah! Ah! Ah!...

— Turco "fiii duma égua"!

O tal turco era um sujeito que havia aparecido em Batayporã, há algum tempo atrás, e aplicado alguns golpes no comércio. Desde que se tornara motivo de comentário, também caíra nas graças imitativas do Dalibor.

Agora o Dalibor estava totalmente animado e então começaram os festivais de histórias, piadas e imitações, enquanto que eu aproveitava para ir fotografando todas as coisas que pudessem subsidiar algum trabalho sobre meio ambiente, coisas essas que se avistavam à escolha, tamanha é a falta de consciência das pessoas a respeito das questões ambientais.

O Henriquinho, que ia caminhando mais à frente, avisou-me:

— Dario! Olhe uma árvore da qual tiraram filhotes de papagaio! Você não vai tirar uma fotografia?

— Claro que vou! Uma fotografia disso aí é muito importante para o nosso audiovisual, pois fará parte da sequência explicativa do crime que se comete contra papagaios e outras aves. Para essa sequência eu também vou usar o *slide* que eu fiz da caixinha de papelão que encontramos no asfalto.

A árvore estava localizada a uns vinte metros da margem da estrada e em seu tronco estavam pregados escadilhos pelos quais algum "loureiro" havia subido até ao ninho e dado início ao crime. Ali a região é de mata alta, porém já quase que totalmente devastada, restando apenas uma pequena área de reserva a uns duzentos metros dali, bastante castigada pelo fogo das queimadas constantes dos meses de agosto.

O aspecto do local indicava que ali fora um verdadeiro paraíso para essas aves, pois, da pequena reserva raleada pelo fogo, ouvia-se o som de uma porção delas, que ainda insistia em gritar sua existência agonizante como se estivesse pedindo socorro.

Fotografei a árvore sob vários ângulos. Percebi que estava localizada distante de qualquer casa ou acampamento que pudessem ser o abrigo do inveterado "loureiro", fato que tem um significado bastante preocupador, ou seja, hoje em dia já não se apanha filhotes de papagaios, araras, periquitos ou qualquer outra espécie de ave pelo simples motivo de agradar a alguém, presenteando-o com um mascote ou atendendo a um pedido especial de alguém que quer ter em sua casa uma ave dessas, mas hoje se dá puramente para fins comerciais. Por esse motivo, quando é época do nascimento dos filhotes, várias pessoas deixam suas atividades normais para se dedicarem única e exclusivamente a essa atividade antiecológica e ilícita. Nem tanto incentivados pela falta de consciência, mas sim pela ambição e ganância em conseguir dinheiro fácil. É o comércio negro em ação, de forma organizada e pela qual uma raça nociva e peçonhenta chamada "intermediários" ou mesmo "traficantes", constituída de pessoas sem um pingo de senso ecológico e de amor à vida, obtém os seus lucros ilícitos sobre o sacrifício de uma espécie e a exploração de sertanejos que, por alguns trocados, efetuam a apanha de poucos exemplares, que depois de coletados pelo intermediário transformam-se em centenas.

— Se tem uma racinha que eu detesto, vocês podem ter a certeza de que é a de pegadores de louros, principalmente aqueles desgraçados que atuam como intermediários. Será que esse povo não tem um pingo de respeito a Deus?

— Esse negócio de respeito a Deus já era! O pessoal quer mesmo é grana! Não importa de que maneira.

— Heim, tio Dario! Quando a gente iniciar a campanha de conscientização contra a pegação de louro, vai ter muita gente com raiva da gente!

— Acontece que nós já estamos pisando no calo de uma porção deles! Ou vocês acham que em Batayporã não tem um punhado de gente torcendo para que nós não consigamos realizar essa caminhada até ao final?! Tem é bastante!

— Acontece que eles vão cair do cavalo, porque nós vamos conseguir, nem que seja de arrasto! — decidiu o Henriquinho. — Eles é que vão tomar no rabo!

Pouco antes de chegarmos à árvore dos escadilhos, encontramos com um amigo meu, o Jorge Eduardo, funcionário da TELEMS, o qual faz as leituras nos postos e centrais telefônicas.

— E aí, meu jovem! O que é que vocês estão fazendo amassando barro por esta estrada?

— Estamos fazendo uma caminhada ecológica, de Epitácio até Batayporã! Mas, e como estão as coisas?

— Está tudo bem! É só vocês mesmo pra fazer um negócio desses! Bem, deixe eu ir andando que ainda tenho que fazer Batayporã e Nova Andradina, hoje!

— Falô, cara! Foi um prazer encontrá-lo por aqui! Dê lembranças a "madame"!

— Será lembrado! Tchau e boa sorte!

Ao chegarmos ao córrego Machado, distante uns seis quilômetros de Anaurilândia, paramos para completar a água dos cantis e também aproveitamos para observar, na prática, os efeitos causados pelo desmatamento ciliar. Naquele local existe um bebedouro para gado e que oferece demonstrativamente uma visão do que pode causar ao rio a ausência de mata ciliar. Ali, praticamente o córrego já está sendo empurrado para fora de seu leito normal, vez que a terra e areia trazidas pelas águas das chuvas vão aterrando o riacho, soterrando inclusive uma cerca de arame existente às margens daquele córrego, o que demonstra que toda aquela terra não estava ali na época em que tal cerca foi construída. Daí, pode-se também concluir sobre a quantidade de impurezas que passam para o rio, especialmente quando se verifica a existência de lavouras com uso de agrotóxicos sem as devidas precauções.

Não demorou muito e chegamos ao córrego Fumaça, ponto estabelecido para o nosso almoço. Uns cinquenta metros antes do córrego verificamos que o cozinheiro integrante da comitiva de boiada pela qual passamos em Anaurilândia já estava ali com o almoço pronto, aguardando a chegada da boiada.

— E aí, companheiro! Está aguardando a boiada?

— Sim. Daqui a pouco ela deve estar chegando!

— Vão pousar aqui ou vão seguir em frente? — perguntou o Henriquinho.

— Nós vamos pousar no próximo "córgo"!

— Então, a gente se encontra, porque nós também vamos acampar lá esta noite. Até lá, então!

Enquanto preparávamos o nosso almoço, o pai e a mãe, que haviam ficado por mais algumas horas ainda em Anaurilândia, chegaram e de quebra nos trouxeram o litro de conhaque que havíamos pedido. Após certificarem-se de que tudo estava transcorrendo sem problemas e que iríamos seguir até o ribeirão Três Barras, prosseguiram a viagem.

— Se tudo correr conforme estamos esperando, amanhã pousaremos no Samambaia e depois de amanhã, pela manhã, chegaremos em casa!

— Nós estaremos esperando por vocês!

Capítulo XIII

O ÚLTIMO DOS CURIÓS

Ali no córrego Fumaça ainda se pode observar uma natureza não tão devastada, tanto pela água do riacho, que ainda estava cristalina, e também pela pindaíba bem constituída, de onde se ouvia o canto do curió, também conhecido como avinhado, pássaro que é também uma vítima de colecionadores de aves e um sério candidato à extinção. O curió é um dos protagonistas de uma história muito mal contada por colecionadores e também traficantes que, da forma mais cara de pau que se possa observar, querem justificar o seu ato puramente criminoso dizendo que os criadores de curió estão sim é contribuindo para que o pássaro não se extinga, pois, em se criando em cativeiro, sua espécie estará preservada!

Ora, isso é um dos maiores absurdos que já ouvi a título de preservação de espécies! É uma desculpa das bem safadas, para que os colecionadores, criadores e traficantes exercitem sim o desejo que domina a humanidade desde a Idade da Pedra Lascada: o desejo de posse! E não o desejo sincero de preservação[8]. É uma roupagem vulgar que se dá à exploração sem retorno!

E o curió ou avinhado é uma das principais vítimas de toda essa história suja. Há tempos atrás, antes de haver realizado a primeira expedição pelo rio Samambaia, já fui caça-

8. Uma prática bastante comum, senão fundamental, entre os criadores de curiós (ou qualquer outro pássaro canoro) são os campeonatos de canto, nos quais os vencedores normalmente são os que conseguem uma maior desenvoltura do pássaro, quer no tipo de canto quer na sua duração e/ou atendimento a comando. Para isso, os passarinhos são submetidos a constantes lavagens cerebrais, diante de um gravador reproduzindo um tipo de som para que o pássaro passe a reproduzi-lo também. A pergunta que se faz é a seguinte: esse procedimento está visando à preservação da espécie, como tal ela foi criada pela Natureza? REFLITA SOBRE ISSO!

dor e também criador de curió. Depois, gradativamente eu parei de caçar e soltei os "meus" curiós! Passei a entender com mais realidade e respeito a Natureza, sentindo-a como sendo o Deus no qual hoje acredito! Passei a saber apreciar e sentir com maior prazer os prazeres por ela oferecidos e adjetivaria como um dia de vitória para toda a ecologia o dia em que o homem passasse a compreender que o real prazer transmitido pelo canto dos pássaros não está contido apenas no canto em si, mas sim, e principalmente, na espera e na incerteza do momento exato em que a Natureza lhe dará de presente o canto de um pássaro em liberdade!

Por exemplo, o canto da araponga! Quem já teve a oportunidade de ouvi-lo ecoando nas matas, certamente teve a nítida impressão de se estar no interior de uma cápsula gigantesca onde todas as coisas necessárias para a vida ali também estavam. Nessas condições, o canto desse pássaro é qualquer coisa de impressionante e transmite uma noção de expansividade incrível! Agora, prenda a araponga em uma gaiola e a pendure no alpendre de sua varanda ou no lugar que você quiser e ao cabo de alguns dias terá, então, uma marreta e uma bigorna dentro de sua cabeça, conduzindo-a pelos caminhos da estafa sonora. O canto já não terá aquele impressionismo das matas, pois lhe faltarão dois elementos imprescindíveis: o eco e a ausência visual do pássaro. É aí que reside o verdadeiro prazer da coisa!

— Eeeh, avinhado! O bichinho tá que tá, heim?!

— Tá cantando desde que chegamos aqui. É uma beleza, não acham? Aqui, ele sempre será mais ele...

Capítulo XIV

UM RASTRO DE ONÇA E UMA VACA ESPANTADA

A boiada apontava no topo da subida quando deixamos o córrego Fumaça e nos pusemos na estrada, rumo ao Três Barras. Fomos alcançados por um dos boiadeiros que, ao que parecia, estava à procura de algum lugar para acomodar o gado.

— Poxa, mas vocês andam, heim!

— É, hoje a gente está puxando um pouco mais.

— Andam mais que um cavalo! Nem a boiada conseguiu acompanhar vocês!

Durante os treze quilômetros que andamos até o Três Barras desde que saímos do córrego Fumaça, tivemos a oportunidade de coletar visualmente diversos dados para o nosso trabalho ecológico, a exemplo de recipientes de agrotóxicos que são jogados às margens da estrada, poluindo o ambiente, já que, comumente, tal material é jogado em buracos existentes em consequência de tiragem de terras para construção de aterros e que se alagam com as águas das chuvas, aumentando assim as probabilidades de que elementos da fauna sejam contaminados. É evidente que a visão de uma lavoura não deixa de ser algo bonito e necessário, e poderia ser somente isso não fosse o descaso de seus proprietários para com os cuidados que se deve dedicar quanto ao fato de dar um destino correto aos recipientes de produtos químicos usados nas plantações.

Apesar da devastação indiscriminada da flora, ainda se pode ver que a fauna tenta resistir aos seus últimos tempos. Pegadas de diversos animais são vistas cruzando a estrada, tais como mãos-peladas, porcos-do-mato, veado, pacas, emas, tatus e inclusive onça, animais que não raro são atropelados pelos veículos que transitam na estrada.

— Ei, Dario! Olha só o rastro da bichona, aqui!

Era o Henriquinho me mostrando um rastro de onça que margeava a estrada, já próximo ao ribeirão Três Barras.

— Aí, tio Dalibor! Tanto que a tia Gilmara lhe recomendou para que tivesse cuidado com onça, que a danada já está te arrodeando!

— É mesmo, heim! E nós vamos acampar logo aí...

Havíamos iniciado a descida para o vale do Três Barras quando uma novilha apareceu na estrada, provavelmente escapada de alguma propriedade, detalhe esse que pouco importava para o Dalibor e o Evandro, os quais, então, encontraram com o que se divertirem.

— Hiipiúúúú! Pipiuipiúúúúúú!

E lá se foi a novilha à nossa frente correndo em disparada como se acabasse de se avistar com a figura do próprio capeta. O que se avistava eram um rabo erguido, quatro patas se movimentando rápida e desordenadamente e um par de orelhas estendidas na horizontal. Era a verdadeira imagem de uma "vaca espantada"!

— Hipiúúúúúú... Urraaaaaaaaa!

— Dalibor! Pelo amor de Deus, para com isso! Eu já não estou mais aguentando, o meu pé está doendo muito e se eu começar a rir desse jeito não vou conseguir terminar essa descida! Ah! Ah! Ah!... Para, pelo amor de Deus!

Porém, para o azar do Henriquinho, o Dalibor e o Evandro já estavam correndo atrás da novilha. De vez em quando o animal parava para dar uma olhada para trás e voltava a correr naquele estilo próprio de uma vaca. Eu, também, que já estava novamente nos meus limites, achei que não poderia me dar ao luxo de soltar gargalhadas, porém a cena era por demais engraçada e sugeria reviravoltas que poderiam tornar as coisas mais hilariantes ainda. Imaginem só, se em dado momento a novilha resolvesse inverter a situação! Aí é que eu queria ver o que iria acontecer! Era só andarilho guardando a cara no mato! Por sorte isso não ocorreu e a novilha foi quem acabou por entrar no mato.

Aquela palhaçada toda resultou em prejuízo de todos, já que chegamos às margens do ribeirão praticamente de arrasto.

— Dalibor! Mais uma dessas e você consegue fazer com a gente o que as mochilas não conseguiram até agora!

— Ah! Mas foi o maior barato! Vocês viram como ela corria engraçado? Ah! Ah! Ah!

— Engraçado ia ficar se ela resolvesse encarar vocês.

Em virtude do barranco pantanoso do Três Barras, resolvemos montar o acampamento sob umas árvores localizadas a aproximadamente cem metros adiante. Enquanto o Evandro e o Dalibor descansavam, eu e o Henriquinho fomos tomar um banho e passar uma água nas camisetas que estávamos usando, já que ainda tinha sol alto.

— Olha aí, pessoal! Eu e o Henriquinho já tomamos nosso banho! Vão logo tomar o de vocês enquanto nós montamos o acampamento!

Novamente era final de uma jornada diária e estávamos arrebentados. Entre uma dor e outra acabamos por montar o acampamento e recolher lenha para a fogueira, sob a ameaça de sermos brindados com um tremendo temporal, vez que o sol da tarde dera lugar a nuvens bastante carregadas e já derramando água à nossa volta. A essa altura já havíamos percebido que a boiada que ficara no córrego Fumaça não chegaria ali onde estávamos e, portanto, o Evandro iniciou suas atividades de cozinheiro.

— Vocês vão querer arroz ou sopa?

— Sopa! Chega de arroz, por hoje!

A chuva passou raspando e foi embora, e em seu lugar a Natureza nos brindou com um espetáculo que já não é tão comum, ou seja, o retorno de um bando de araras-amarelas para o seu local de pouso, que por sinal ficava bem perto de nosso acampamento, cerca de seiscentos ou setecentos metros, em uma mata de pindaíba existente rio abaixo. De onde estávamos podíamos apreciar seus voos por sobre os buritizais que se fazem comuns na pindaíba do Três Barras. Passavam em casais e pequenos grupos de três a seis exemplares, totalizando do princípio ao final do retorno por volta de oitenta araras.

— Olha aí, pessoal! Amanhã nós somente sairemos daqui após as araras, pois quero fotografá-las! Vai ser muito interessante para o nosso trabalho.

O dia já começava a dar lugar à noite, pelo que nada mais restava do que acender a fogueira, jantar e dormir, pois teríamos que dar o merecido repouso para nossos sofridos esqueletos e recuperar as condições necessárias para enfrentar os vinte e cinco quilômetros que se interpunham entre nós e o rio Samambaia, local previsto para o nosso último acampamento.

A noite transcorreu sem qualquer problema e aos primeiros sinais do novo dia eu me levantei e iniciei minhas atividades de fotógrafo, posicionando-me e aguardando os momentos decisivos para fotografar o amanhecer e assistir a mais esse espetáculo da natureza, que é único a cada dia, pois tanto a aurora quanto o crepúsculo de cada dia nunca mais se repetirão.

Capítulo XV

AS ARARAS-AMARELAS

— Vamos lá, pessoal! Já está na hora de levantarmos acampamento!

— Humm... Como está o tempo?!

— Pelo jeito hoje vai fazer uma "lua" daquelas!

— Então, não poderemos sair muito tarde!

— Eu só vou sair depois das araras, não se esqueçam.

Levantar acampamento é sempre algo um tanto quanto preguiçoso e desconfortável, ainda mais quando se tem o corpo quebrado pelo cansaço de uma caminhada, e esse tipo de operação vem sendo efetuada todas as manhãs. Há orvalho por toda parte e somente as coisas que durante a noite ficaram bem protegidas escapam à ação desse fenômeno da Natureza.

Na nossa equipe, cada componente tinha sua função preestabelecida por ocasião de cada trabalho e, por certo, na montagem e desmontagem de um acampamento essa organização se fazia fundamental. Portanto, sem que ninguém precisasse falar, o Evandro já tinha a responsabilidade de preparar o nosso desjejum, enquanto que o Dalibor tratava de dobrar os cobertores e desocupar ordenadamente o interior da barraca. Após isso feito, eu e o Henriquinho desmontávamos e acondicionávamos os panos do mosquiteiro e da barraca, bem como seus respectivos ferros de armação. A arrumação das coisas nas respectivas mochilas requeria certa paciência e ordem, sob pena de se ter as mochilas já cheias e alguma coisa ainda para o lado de fora.

Estávamos nesses preparativos quando as araras iniciaram uma verdadeira festa matinal. O som que emitiam ecoava por toda a pindaíba, além de nos indicar aproximadamente o rumo do local onde estavam naquele momento. Eu estava atento, com a máquina fotográfica em punho[9], aguardando a possível revoada.

Rraaááá!... Crráá... ráää! Rrraaáá! [som de araras-amarelas no buritizal][10].

— Olha lá, Dario! Naquela árvore mais alta, nesse rumo, tem umas cinco ou seis delas!

De fato, o Henriquinho tinha razão. Em meio à mata de onde se ouvia os sons, podia-se avistar algumas araras se mexendo na copa de uma árvore alta.

— Vocês dão um tempo por aqui, que eu vou até lá tentar fotografá-las mais de perto!

Tomando o cuidado para que sempre alguma coisa ficasse entre mim e as araras, caminhei rumo à árvore, até chegar às margens de um varjão. A essa altura minhas pernas já estavam molhadas de orvalho até os joelhos, porém aquilo não me incomodava, apesar de o orvalho ser sempre muito frio. Chegando às margens do varjão, atravessei uma cerca de arame e iniciei uma cautelosa caminhada por dentro do mato que me levaria até as araras, sem o perigo de ser visto. As aves se encontravam do outro lado, cerca de cento e cinquenta metros de onde eu estava. Não havia meio de me aproximar delas pelo varjão aberto, pois o capim ali existente tinha uma altura que não ultrapassava os cinquenta centímetros, além de estar totalmente molhado de orvalho. Esse detalhe me impossibilitava a locomoção através de rastejamento, vez que nem o equipamento fotográfico escaparia de ficar ensopado! O negócio era mesmo tentar chegar até elas pelo mato e, com toda a certeza, eu teria conseguido se não

9. A máquina fotográfica que usei nessa ocasião foi a SLR Nikomat – FT, com objetiva Nikkor 50 mm, com filme 135, de *slides*, inteiramente mecânica.

10. As araras eram da espécie *Ara ararauna*, popularmente conhecidas como araras-canindé.

fosse um outro elemento que me impediu: o caraguatá, que em determinado ponto do mato obstruía todas as passagens! E, agora?!

Rraaáá!... Rraáá!... As araras continuavam a algazarra.

Agora, nada mais restava a não ser posicionar-me à margem do mato e aguardar que as aves iniciassem seus voos rumo às matas onde se alimentavam. Se as minhas previsões estivessem certas e as araras utilizassem a mesma rota de retorno do dia anterior, elas voariam praticamente por cima do local onde eu me encontrava. Era só ter paciência e esperar.

Olhando para o varjão, eu estava contra o sol da manhã e aquilo me deu outra visão interessante de ser fotografada. Uma imensidade de teias de aranha construídas nas hastes dos capins, devido ao orvalho nelas assentado, brilhavam ao sol como se fossem verdadeiras joias adornando o varjão! Enquanto aguardava a decisão das araras, passei a fotografar detalhes daquela beleza natural que ainda dormia aguardando o calor do sol para, então, dar lugar às atividades diurnas.

Rrraaaááá!... Crraááá!... Rrraaááá! Rraáá!...

"Lá vêm elas!", pensei. Máquina apontada e enquadramento feito... No princípio, apenas seis minúsculos pontos que se movimentavam num quadro constituído de um misto de céu e mato. Os seis pontos iam aumentando e tomando forma. Agora, além deles, somente o azul do céu ocupava o espaço do visor da minha câmera fotográfica! Rraááá!... RRAAáááá!... Elas estavam próximas e grandes agora! Seus peitos amarelos, asas azuis... seus voos pesados... seus gritos! Tudo isso assumia o papel principal da composição fotográfica! "É agora!" Click!.

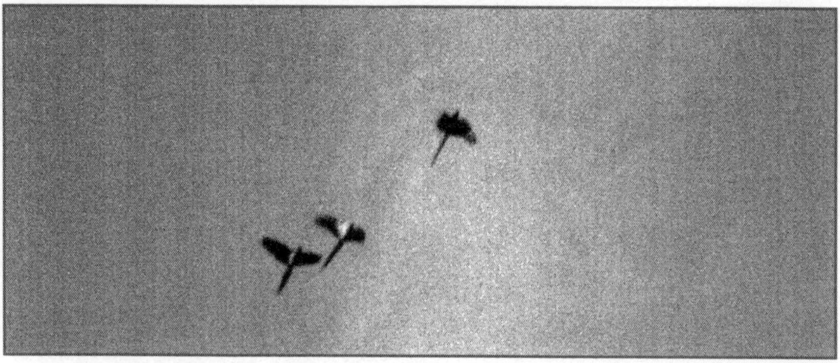

"Que beleza! Lá vão elas..."

Já próximo ao local do acampamento, o Henriquinho gritou.

— Lá vem mais, Dario! E lá também...

Haviam decidido! Elas saiam em casais e pequenos grupos e voavam para o Norte! Não posso afirmar se isso é alguma norma ou apenas uma coincidência. Todas as revoadas de papagaios que já tive a oportunidade de ver são efetuadas com o sol sempre à direita, ou seja, pela manhã se dirigem para o Norte e no final do dia retornam para o Sul.

— Mas é uma beleza, não é, pessoal?!

— Se é, heim, tio! É muito bonito! Será que nas fotografias vai aparecer o amarelo do peito delas?

— Lógico que vai! Então, você acha que eu não caprichei o máximo nessas fotografias?![11] E pensar que tem gente que pega os filhotes desses bichos...

— Vale a pena a gente vir aqui um dia só pra ver isso de novo!

— À pé? — ironizou o Dalibor.

— É.

— Humc, umc, umc!

— É. Eu acho que valeu a pena a gente ter esperado! Agora é hora de começarmos a andar novamente.

11. Na época dessa caminhada nem se pensava em fotografia digital, de modo que somente depois de revelados os filmes e feita as cópias ou ampliações em papel é que iríamos saber se as fotografias ficaram boas!

Capítulo XVI

NO COMBATE, UM OÁSIS EM MEIO À PINDAÍBA

Quando se deixa o Três Barras para Batayporã, enfrenta-se uma longa subida. Mansa, mas longa! Talvez a mais longa de todo o percurso da caminhada! Era dia 9 de janeiro e nós estávamos ali, enfrentando a longa subida e também o sol que já era bem ardido àquela hora da manhã.

— Essa fazenda é do pai do Calú, não é? — perguntou o Dalibor.

— É.

— Fuiiiiiiii! Glu, glu, glu, glu! Fuiiiiiiiiiii! Glu, glu, glu!

Pronto! Era o Dalibor que avistara um peru e já começara com a gozação!

— Fuiiiiiii! Glu, glu, glu, glu!

— Ah, ô Dalibor, para com isso, pô!

— "San Paro, no!". Ah! Eu não consigo esquecer o japonês. Será que ele já chegou em São Paulo?

— Só se pegou carona, né, tio!?

— Ei, pessoal, olha um galão de leite! Será que tem leite?

— Vai me dizer que você vai pegar leite, Dalibor! Era só o que faltava! — comentou o Henriquinho.

— Tio, olhe um cachorro lá na frente! Grite pra ele! Vamos ver o que é que ele faz.

— Hipiiuúúúú! Hipiiuúúúú!

Não deu outra! O cachorro saiu em desabalada carreira, parando de vez em quando, até desconfiar e passar pela cerca da fazenda.

O sol estava nos castigando sem piedade e aquilo minava nossas energias bem antes do final do dia. Até então não havíamos tido, durante toda uma manhã, um dia de sol como aquele. O Henriquinho estava mancando mais visivelmente do que nos outros dias e já admitia que a dor em seu pé estava se tornando insuportável. Ainda faltavam alguns quilômetros para chegarmos ao córrego Combate, nosso local de almoço, e já estávamos praticamente esgotados.

Devido à situação em que se encontrava o Henriquinho, eu comecei a ter dúvidas de que a gente conseguisse chegar até o rio Samambaia, conforme o nosso plano para aquele dia. Provavelmente teríamos de ficar no córrego Combate, pois dali até ao Samambaia são catorze quilômetros.

Para nossa sorte, a descida para o vale do Combate, de quem vem de Anaurilândia para Batayporã, estava dividida em diversas lombadas curtas como se fossem um imenso tobogã, e isso evidentemente nos sacrificaria bem menos do que se fosse uma única descida.

Por volta do meio-dia estávamos às margens do córrego Combate. O Henriquinho realmente estava em um estado lastimável, tendo até ele dúvidas se conseguiria ou não caminhar até o Samambaia.

— Henriquinho! Eu quero saber como você está, realmente! Você acha que está em condições de caminhar ainda hoje?

— Ah! Dario, eu não sei não! O meu pé tá doendo pra cachorro! Vamos descansar por algumas horas e aí a gente decide.

— Tá legal! Por que você não toma um banho, então? Quem sabe a água pode fazer bem!

— Mais tarde um pouco eu tomo.

A verdade é que todos nós estávamos esgotados no momento em que chegamos ao córrego Combate. Enquanto nosso almoço era preparado, tentamos descansar um pouco, porém parece que não conseguíamos, sob qualquer forma, amenizar nossas dores, e aquilo já começava a tirar o Samambaia de nossos pensamentos.

— Dalibor! Eu acho que nós vamos ter que ficar por aqui, hoje! O pé do Henriquinho não está nada bem e ele deve estar sentindo uma dor dos diabos!

— É, vamos descansar um pouco e depois ele vê se tem condições. Se não tiver, a gente fica! Ah! Venha ver que lugarzinho legal que eu encontrei aqui...

O lugar indicado pelo Dalibor ficava ao lado do aterro da estrada, na pindaíba do córrego, e se constituía de uma mina de água, com leito de areia branca, tendo uma clareira em volta e uma cobertura natural feita pelas copas das árvores mais altas, o que condicionava o local como um oásis de descanso.

Era uma delícia sentar em uma prancha ali existente e ficar um bom tempo com os pés submersos naquela água cristalina e fria que corria da mina! Era o tipo do lugar que prendia a gente!

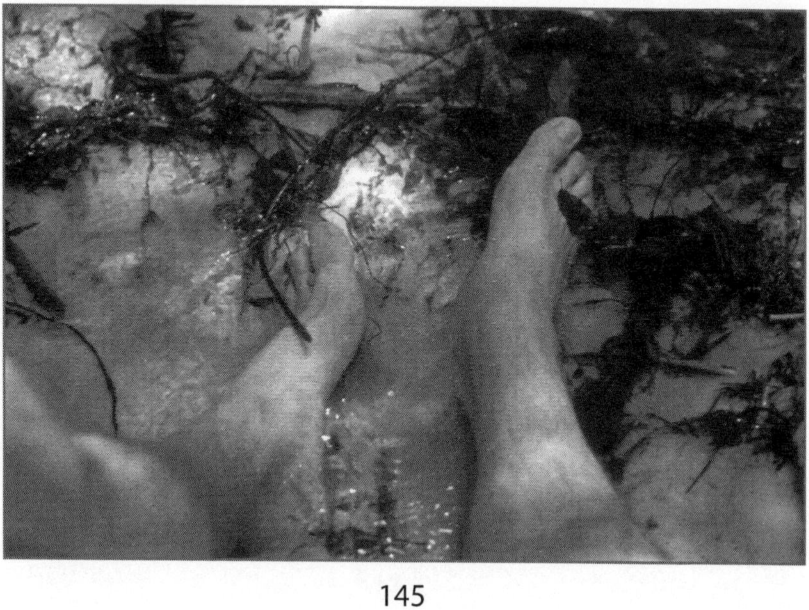

— Puxa! Se a gente tivesse visto esse lugar antes do almoço, nós já estaríamos recuperados.

— Olha quantos peixinhos tem aqui na mina, tio!

— Henriquinhoooo! Ô Henriquinho! Venha até aqui! Venha ver que lugar bacana para descansar!

— Já vou indo!

— Meia hora nesse lugar e a gente tá novo em folha! Sente ali naquela prancha e coloque os pés dentro da água! Você vai ver como vai melhorar bastante!

Passados alguns instantes resolvemos prosseguir a viagem, já que o Henriquinho disse estar em condições de continuar, desde que não caminhássemos muito depressa.

— Só que tem o seguinte: temos que economizar a água ao máximo possível, e se por algum contratempo qualquer a gente não conseguir chegar até lá, aquele que estiver em melhores condições terá de buscar água onde for mais perto, ou aqui ou no Samambaia! Combinado?!

— Combinado!

Capítulo XVII

PAPAGAIOS, UM ESBOÇO DE REVOADA

Assim, por volta de uma e meia da tarde, iniciamos a caminhada para o rio Samambaia. O sol estava "estalando mamona" e era o nosso maior desafio para aquela segunda metade do dia. Vez em quando alguma nuvem abençoada se compadecia da gente e segurava a ira do sol por alguns momentos. Àquela hora do dia não era tão fácil encontrar uma sombra para se proteger, pois o sol estava a pino e as árvores existentes à beira da estrada eram muito pequenas.

— Dario! Olhe o rastro da bichona, aqui!

— Hi, tio Dalibor! Essa onça tá seguindo a gente! Eu acho que ela tá querendo te pegar! E vai ser hoje, no acampamento do Samambaia!

— Ei, Dario! — chamou o Henriquinho. — Veja essa cobrinha aqui! É uma jararaquinha, e tá "braba virada no cão"!

Durante a caminhada havíamos visto muitas cobras mortas, corais e jararacas; porém, aquela que o Henriquinho avistara era a primeira que estava viva, atravessando a estrada, o que, por certo, constituía-se num bom motivo para fotografar.

A cobra já estava bastante enfezada pelo fato de o Henriquinho a estar impedindo de seguir o seu caminho, detalhe esse que daria uma melhor qualidade à fotografia, já que o réptil estava com quase metade do corpo levantado e achatado como se fosse um pedaço de papel. Não era uma cobra grande. Deveria medir uns vinte e cinco centímetros e cercada como estava não oferecia grande perigo, posto que sua atenção não estaria concentrada apenas em um ponto.

Abaixei-me perto da cobra e aproximei o mais que pude a minha câmera fotográfica e... Click!

Pronto! Devidamente fotografada, a nossa modelo pôde, finalmente, prosseguir na sua caminhada rastejante!

Não. Não a matamos! Pra que matá-la? Acima de qualquer coisa, ela estava no seu lugar! Ali, nós éramos os intrusos! E eu até diria que fomos um pouco grosseiros com ela! Poderíamos ser mais gentis e fotografá-la na pose que ela julgasse melhor!

— Vamos aproveitar e dar uma paradinha, porque o meu pé está "ixprudindo" dentro desse sapato!

— Hã! Pé que tá "ixprudindo" é o meu!

— Tá doendo muito o pé, Henriquinho?

— Ah, rapaz! Chega tá latejando!

— Será que você aguenta chegar até o Samambaia?

— Eu acho que sim! Vamos andando devagarinho e vamos ver até onde a gente vai!

— Daqui a pouco o Jair Leão deve estar voltando e então você pega uma carona até no Samambaia! — aconselhou o Dalibor.

O Jair Leão havia passado por nós quando estávamos chegando ao córrego Combate e, certamente, iria passar de volta a qualquer momento.

Metro a metro íamos vencendo os últimos quilômetros que nos separavam do rio Samambaia e já começávamos a descida para o seu vale, quando fomos alcançados por uma caminhonete da fazenda Santa Ilidia, na qual o Henriquinho, devido ao alto sofrimento a que vinha sendo submetido, e também o Evandro chegaram ao Samambaia, enquanto que eu e o Dalibor continuamos a pé. Quando iniciamos a descida final para o rio, avistamos que o pai e a mãe lá estavam esperando. Uma criança saiu correndo da ponte e veio ao nosso encontro. Era o Marlon, meu filho mais velho.

— Olá, filhote! Como vai? Que saudade!

— Tudo bem! O vô e a vó estão lá no acampamento! Eles trouxeram leite e café.

Finalmente estávamos no rio Samambaia e havíamos cumprido mais uma árdua etapa daquela caminhada. Agora estávamos somente a dez quilômetros de casa, porém isso era coisa para se pensar no dia seguinte. Naquele momento, o negócio era tirar as mochilas dos ombros, curtir a companhia das visitas e atualizar as conversas.

O Evandro já havia preparado o tradicional chimarrão e, entre uma cuiada e outra, fomos atualizando os acontecimentos e informando sobre o horário em que pretendíamos chegar a Bataytporã, na panificadora "A Praça", ponto de chegada.

Ali perto do Samambaia ainda existem uma reserva de mato e uma pindaíba bastante extensa, onde algumas espécies de animais e aves sobrevivem à ação destruidora do homem, quer o desmatador, o caçador, o colecionador de aves, o traficante, enfim, a grande corja de antiecológicos. Hoje, no Samambaia, mais especificamente naquele local onde nos encontrávamos, já não se escuta o canto do curió, que há não muito tempo era o som característico do lugar. Dessa mesma forma, no Três Barras, que era o verdadeiro paraíso dessas avezinhas, não mais ouvimos o seu cantar. Onde estão esses passarinhos? Por certo os criadores de pássaros canoros responderiam que estão bem guardadinhos, preservados contra a extinção, já que eles estão cuidando direitinho dos bichinhos, em suas respectivas gaiolas ou viveiros, e até lhes ensinando cantos diferentes, aperfeiçoando a natureza do bicho, "já que Deus não a fez muito perfeita!". Muito bem! Estão preservadas! Mas pra quem e pra quê? Por isso eu volto a dizer: "Se isso for preservação de espécie, minha vó é bicicleta!". Que Deus a tenha no aposento mais confortável do céu!

Repentinamente, da reserva de mato, como se fosse para saudar a nossa equipe, saiu uma revoada de uns sessenta papagaios e passou bem em cima da gente! Fotografia neles!

Quem nunca teve a oportunidade de ver realmente uma revoada de papagaios ficaria admirado e, até certo ponto, tranquilo quanto à situação do papagaio na escala da fauna ameaçada de extinção. Porém, para quem já viu, e não há muito tempo, como eu já tive o prazer de ver, revoadas de duzentos ou trezentos exemplares, todos os dias. Aquela revoada era mais um sinal de alerta e um grito de socorro do que uma simples demonstração de graça e de liberação de alegria. Para mim, guardando as devidas proporções, o papagaio já está mais extinto do que o nosso raro curió!

— Eita, tio! Olha só que bando de louros!

— Eu já diria que é apenas um bando muito reduzido e mixuruca! É uma pena que você não tenha tido a oportunidade de ver um bando de mais de duzentos deles! Aí sim, você iria ficar boquiaberto e com os ouvidos estourando diante de tão grande algazarra! Ah! Era um barulho que sempre me agradou!

Capítulo XVIII

UM RATO INOPORTUNO

Após os papagaios, a noite começou a nos dar o ar de sua graça. Aproveitei para fotografar o crepúsculo e registrar também algumas imagens do nosso acampamento ao acender da fogueira, tendo ao fundo o sol se despedindo de mais um dia. Quando estou acampado, essa é a hora de que mais gosto. É o instante em que a Natureza resolve silenciar e nos dar a chance de refletir sobre todas as coisas que pudemos observar e sentir durante o dia. O anoitecer também é a hora em que os mosquitos, borrachudos, pernilongos e outros insetos realizam o seu banquete, no qual o prato predileto é a gente! Naquela noite não haviam muitos pernilongos. Em compensação fomos atacados por uns miseráveis besourinhos com os quais nem mesmo o repelente que usávamos surtiu efeito. Logo após a nossa janta, que foi a tradicional sopa, os besouros me fizeram entrar na barraca, já que não me davam nenhum sossego!

Não passou muito tempo e o Jair Leão apareceu em nosso acampamento, juntamente com outro colega.

— Eeeh, moçada! Não é que vocês conseguiram mesmo!

— É... Mas ainda faltam dez quilômetros!

— Ah! Mas isso não é distância! Puxa! Vocês devem estar arrebentados, heim? É preciso ter muita coragem para fazer uma caminhada dessa!

Os nossos visitantes ali permaneceram enquanto tinha um pouco de conhaque na garrafa. Foram momentos bastante divertidos, quando, então, eu peguei o violão e o Dalibor, a gaita e fizemos aquele som. Porém, como já disse, o conhaque acabou, o Jair foi embora e nós fomos dormir.

A noite estava quente, e como os pernilongos não estavam enchendo o saco e os besouros haviam ido embora, deixamos o mosquiteiro aberto e nos dedicamos ao nosso repouso noturno. A barraca que estávamos usando, emprestada pela nossa mãe e avó do Evandro, é construída para três pessoas, porém isso não impedia que em ocasiões especiais acomodasse quatro pessoas e mais algumas coisas. Por exemplo, no nosso caso, além de nós mesmos, no interior da barraca também estavam o meu violão, equipamento fotográfico e algumas peças de roupa e objetos que não poderiam ficar expostos ao relento.

Para dormir, nos ajeitávamos lado a lado, tal como as sardinhas em lata. Infalivelmente eu sempre dormia em um dos lados e com a cabeça para o lado da abertura do mosquiteiro, já que eu sofro de alguma coisa parecida com claustrofobia. Pois bem! Eu, o Henriquinho e o Evandro nos posicionamos com as cabeças para o lado da porta, enquanto que o Dalibor se posicionou ao contrário. Em determinado momento, talvez já por volta da meia-noite, o Dalibor se sentou e disse: "Tem um bicho aqui!".

No mesmo instante eu senti que alguma coisa passou sobre meus pés e percebi que o Dalibor tinha razão, pois realmente havia algum bicho dentro da barraca. O que era eu não sabia, por isso permaneci imóvel, enquanto o Dalibor chamava pelo Henriquinho.

— Ô Henriquinho! Pegue o farolete e dê uma clareada aqui! Tem um bicho aqui dentro e passou por cima de minha cara!

— Tem mesmo um bicho aqui dentro, Henriquinho!

Enquanto o Henriquinho se preparava para procurar o tal bicho, já com o farolete aceso, o Evandro deu um pulo e, gritando apavorado, caiu em cima de nós.

— Tem um bicho aqui, pôrra! Passou pelo meu pé!

— É um rato! — disse o Henriquinho, no momento em que a luz do farolete atingia em cheio o dito-cujo.

Bastou isso para que o interior da barraca se transformasse num clube de carnaval, do qual ninguém pulava para fora, para não molhar os pés no orvalho.

— Parem de pular! Vocês vão acabar caindo em cima do meu violão! Cuidado com a minha máquina fotográfica! Parem com isso, ô cacete!

— "Péra aí" que eu vou dar uma sapatada nele!

E aí foi um "Deus nos acuda", no maior pandemônio de toda a caminhada. O Dalibor e o Evandro pulavam feito cabritos, enquanto eu, aparentando uma galinha choca, abria os braços em torno do meu violão e da máquina fotográfica, e o Henriquinho tentava, desesperadamente, acertar o bichinho com um chinelo! E era um tal de pléft, pléft... pôu! Pléft!... [som de chineladas em busca do rato]. Hhiiiííííí!... [som emitido pelo rato, quando uma chinelada o acertava].

Foi no máximo um minuto de batalha raticida até que tudo estava sob controle. Foi também um minuto de testes para a barraca e sua estrutura, pois, com uma altura aproximada de um metro e vinte centímetros, teve em seu interior elementos de um metro e setenta que ficaram em pé!

Ufa! O rato já estava lá fora! Desfalecido, o coitadinho! Era um rato de casa que não sei por que cargas-d'água aparecera por ali!

— Joga ele na água, Dalibor!

Tchumm! [som de rato caindo nas frias águas do rio Samambaia – à noite!].

Certamente a baixa temperatura da água fez com que o distinto roedor recobrasse os sentidos, pois foi só bater na água e ele saiu nadando com muita habilidade!

Passado todo esse sufoco, retornamos ao nosso repouso e, como a noite já estava mais fria, fechamos o mosquiteiro também para evitar que outro episódio semelhante viesse a se repetir.

Capítulo XIX

ENFIM, ERA UM DIA ESPECIAL

O dia nasceu esplendido e ensolarado, bem ao estilo que nos interessava, pois aquele era um dia muito especial para todos nós. Era o dia 10 de janeiro, dia em que finalmente venceríamos o grande desafio ao qual havíamos nos metido há sete dias. Enfim, chegaríamos em casa!

Sete e meia da manhã, semblante de vitória estampado nas faces, levantamos acampamento e partimos para os dez últimos quilômetros de toda a caminhada. Nove e meia era o horário previsto para a nossa chegada. O sol estava tão quente quanto no dia anterior, porém isso era até bom e dava mais vida às cores da Natureza. O suor derramado nos acariciava a pele ao invés de incomodar!

Na altura do córrego Escondido, fomos encontrados por quatro moleques de bicicletas, o Marlon, o Milan, o Nelson e outro coleguinha deles. Dali para frente fomos acompanhados por aquela comitiva de recepção, até que iniciamos nossos últimos passos, no prolongamento da avenida Antonia Spinosa Mustafá, e pudemos ver que a comitiva era bem maior do que esperávamos. O Eurico, pai do Evandro, e o professor Amaury vieram nos encontrar, no justo momento em que descolava o solado do tênis do Dalibor, e este brincou dizendo que, embora contra a sua vontade, teria de desistir.

Já estávamos na cidade, mais exatamente em frente à prefeitura municipal, onde fomos recebidos por todos os funcionários que nos saudaram com um festival de rojões e de aplausos. Ora! Aquilo nos emocionou o suficiente para que não conseguíssemos soltar uma única palavra e passássemos direto, apenas acenando com as mãos.

Na avenida principal, os olhares eram mais de admiração e respeito do que de curiosidade e, quando chegamos à panificadora "A Praça", então, a emoção se soltou de vez, tão grande era a manifestação de apoio que estávamos recebendo, com vivas, parabéns, leituras de mensagens, troféus, faixas de agradecimento e muito calor humano. Ali sentimos que em nenhum momento caminhamos sozinhos, pois aquela gente, com toda a certeza, também caminhou conosco e constituiu-se na nossa maior fonte de energia. E foi em respeito a essa gente que acreditou em nós é que tivemos força para não desistir.

O professor Amaury se encarregou de fazer a última foto. Eu estava com um copo de cerveja à boca e... Click!

Aí veio a tradicional pergunta: "Valeu a pena?".

Embora eu não me anime a fazer outra caminhada nessas condições, eu disse: "Valeu a pena, e como valeu, pessoal! Em tudo superou as nossas expectativas!".

— Outros planos?[12]

— Uma expedição para Guaíra, pelos rios Baía, Curutuba, Ivinhema e Paraná. Em setembro de 1990.

— E caminhadas?

— Quem sabe no Pantanal! Mas tem que ser logo, antes que tudo se acabe!...

12. Esses outros planos acabaram ficando só nos planos mesmo!

MENSAGEM LIDA PELO SR. JINDRICH TRACHTA, PAI E AVÔ DOS ECOLOGISTAS, QUANDO DO TÉRMINO DA CAMINHADA.

S E

Se és capaz de manter a tua calma quando
Todo o mundo em redor já a perdeu e te culpa;
De crer em ti quando estão todos duvidando
E para esses, no entanto, achas uma desculpa;
Se és capaz de esperar sem te desesperares,
Ou, enganado, não mentir aos mentirosos
Ou, sendo odiado, sempre do ódio te esquivares;
E não parecer bom demais, nem pretencioso;

Se és capaz de pensar - sem que a isso só te atires,
De sonhar - sem fazer dos sonhos teus senhores;
Se encontrando a desgraça e o triunfo, conseguires
Tratar da mesma forma a esses dois impostores;
Se és capaz de sofrer a dor de ver mudadas
Em armadilhas as verdades que disseste
E as coisas, por que deste a vida, estraçalhadas,
E refazê-las com o bem pouco que te reste;

Se és capaz de arriscar numa única parada
Tudo quanto ganhaste em toda a tua vida
E perder e, ao perder, sem nunca dizer nada,
Resignado, tornar ao ponto de partida;
De forçar coração, nervos, músculos, tudo
E dar seja o que for que neles ainda existe,
E a persistir assim quando, exausto, contudo
Resta a vontade em ti, que ainda te ordena: PERSISTE !

Se és capaz de, entre a plebe não te corromperes,
Entre Réis, não perder a naturalidade,
E de amigos, quer bons, quer maus, te defenderes;
Se a todos podes ser de alguma utilidade;
E se és capaz de dar segundo por segundo,
Ao minuto fatal, todo teu valor e brilho,
Tua é a Terra com tudo que existe no mundo,
E - o que ainda é muito mais - és um homem, meu filho !

-RUDYARD KIPLING-
(Trad. de Guilherme de Almeida)

RELATÓRIO

T R A C H T A   P E S Q U I S A S
Ecologia e Cultura

R E L A T Ó R I O   D A   C A M I N H A D A

E X P E R I M E N T A L   R E A L I Z A D A

DE   P R E S.   E P I T Á C I O   A T E

B A T A Y P O R Ã,   N U M A   D I S -

T Â N C I A   D E   1 7 6   KM .

T R A C H T A   P E S Q U I S A S
Ecologia e Cultura

RELATÓRIO SOBRE A CAMINHADA EXPERIMENTAL

A CAMINHADA EXPERIMENTAL, realizada no mês de janeiro do ano de 1989, com início às 05:30 h do dia 03 e término às 09:30 h do dia 10, teve como ponto de partida a residência do Sr. Leônidas Amaral, localizada na rua Belo Horizonte, nº12-29, na cidade de Presidente Epitácio/SP, e como ponto de chegada a Panificadora "A Praça", localizada na esquina das ruas Izaias Inácio de Almeida e Jonas Pedro Nunes, na cidade de Batayporã/MS, num percurso real de 176 km, passando pelas cidades de Bataguassú/MS e Anaurilândia/MS, usando o itinerário do Km 55 da rodovia que liga Presidente Epitácio com a Capital do Estado de Mato Grosso do Sul.

D O S   O B J E T I V O S

Segundo um plano previamente elaborado, a Caminhada teve como objetivos:

I - Despertar a atenção das pessoas para os problemas ecológicos, principalmente aqueles relacionados à FAUNA e FLORA, os quais estão mais diretamente ligados à região;

II - Observar mais detalhadamente a Natureza da região, bem como, constatar e registrar as formas de alterações sofridas no ecosistema, em especial aquelas provocadas pela ação do homem;

III - Adquirir experiência nesse tipo de atividade, além de realizar pesquisas e desenvolver um conhecimento mais apurado sobre as personalidades dos integrantes do grupo e do trabalho em equipe, objetivando a obtenção de melhores condições para dirigir futuras atividades ecológicas, especialmente as de natureza desportiva.

D O S   P A R T I C I P A N T E S

Participaram diretamente da Caminhada Experimental quatro ecologistas da cidade de Batayporã/MS, quais sejam:

DÁRIO DO AMARAL TRACHTA, 36 anos de idade, natural de Presidente Epitácio/SP, residente na cidade de Batayporã

...continua em fls. 02 ....

...continuação, fls. 02...

MS, exercendo a profissão de funcionário público, no cargo de escrivão de polícia, na cidade de Nova Andradina/MS, este, idealizador e líder do projeto;

DALIBOR DO AMARAL TRACHTA, 29 anos de idade, natural de Presidente Epitácio/SP, residente em Batayporã/MS, onde exerce as funções de secretário na Escola Estadual de I e II graus "Jan Antonin Bata";

HENRIQUE JOÃO DO AMARAL TRACHTA, 22 anos de idade, natural de Batayporã/MS, onde reside, é estudante e administrador de propriedade rural;

EVANDRO DO AMARAL TRACHTA DA SILVA, 17 anos de idade, natural de Presidente Epitácio/SP, residente em Batayporã/MS, estudante e relações públicas do grupo, além de ser o responsável, durante a caminhada, pela cozinha e parte de medicamentos.

OBS.: Todo o equipamento usado na caminhada foi transportado em mochilas que tinham um peso variável entre 15 e 20 kg cada uma.

DA FORMA DE REALIZAÇÃO

Ainda, seguindo o plano estabelecido, a Caminhada foi realizada por etapas, assim divididas:

1º dia (03/01/89) - Saindo da cidade de Presidente Epitácio/SP e chegando na cidade de Bataguassú/MS, numa distância de 41 km, tendo como ponto de parada para almoço o restaurante "Amigo da Estrada", distante 27 km do ponto de partida;

2º dia (04/01/89) - O grupo de ecologistas permaneceu na cidade de Bataguassú/MS, pelo fato de haver ocorrido um desgaste físico e psicológico muito acentuado nos integrantes, devido haverem, já de início, percorrido uma distância de 41 km, quando ainda não estavam habituados ao rítmo da jornada;

3º dia (05/01/89) - O grupo retoma a caminhada, partindo de Bataguassú/MS, percorrendo uma distância de 33 km, até uma carvoaria existente nos primeiros 08 km da estrada de terra que demanda para a cidade de Anaurilândia/MS, havendo efetuado parada para almoço no sítio do Sr. Jorge Kassai;

4º dia (06/01/89) - A distância percorrida foi de 24 km, chegando na Fazenda Sempre Viva, de propriedade do Sr. Nilo Correa, tendo nesse dia o grupo efetuado duas paradas, sendo

...continua em fls. 03 ....

...continuação, fls. 03...

uma em um acampamento da firma americana S.W. Geofísica Ltda. , a qual realizava pesquisas petrolíferas na região, onde o grupo' de ecologistas estabeleceu contatos com alguns funcionários e tomou conhecimento de como é a atividade daquela empresa, cujas ' pesquisas se resumem em registrar, através de vibrações emitidas e recebidas do solo, a consistência das camadas em até 5.000 metros de profundidade, tendo, ainda, o grupo efetuado a parada para almoço na fazenda Nova Ariranha;

5º dia (07/01/89) - Saindo da Fazenda Sempre Viva o grupo chegou à cidade de Anaurilândia/MS, percorrendo uma distância de 16 km, sem paradas extensas;

6º dia (08/01/89) - A caminhada prosseguiu, co- ' brindo uma distância de 27 km até o ribeirão Três Barras, tendo' efetuado parada para almoço às margens do córrego Fumaça, distante 14 km de Anaurilândia/MS;

7º dia (09/01/89) - Partindo do ribeirão Três Barras, cumpriu-se a penúltima etapa da viagem chegando ao rio Samambaia, já no município de Batayporã/MS, percorrendo uma distância de 25 km, com parada para almoço no córrego Combate, a 11 km do ribeirão Três Barras e 14 km do rio Samambaia;

8º dia (10/01/89) - O grupo de ecologistas caminha os últimos 10 km do total do percurso, saindo do rio Samambaia e chegando na cidade de Batayporã/MS, às 09:30hs.

OBS.: I - Nos 1º, 3º, 5º e 6º dias, a equipe caminhou sob tempo nublado e chuvoso, ao passo que, durante os 4º, 7º e 8º dias o sol predominou durante a maior parte do tempo;

II - Nos 1º e 2º dias pernoitou na Casa Paroquial de Bataguassú/MS e no 5º dia pernoitou em Anaurilândia, na residência do Sr. Adão Domingos da Rocha, enquanto que, durante os 3º, 4º, 6º e 7º dias, o grupo ' pernoitou sob barraca, às margens dos riachos e estrada;

III - Durante as paradas para almoço e janta, quando acampados, os ecologistas preparavam o próprio cardápio, constituído de alimentos pré-cozidos, tais como sopa, arroz, curau, além de chá, leite e biscoitos.

...continua em fls.04 ....

...continuação, fls. 04...

D A S A L T E R A Ç Õ E S E I M - P R E V I S T O S

Estabelecendo-se comparação com o plano anteriormente elaborado, a caminhada atingiu o ponto de chegada com dois dias de atraso, havendo isso ocorrido devido ao grande desgaste físico verificado em cada integrante do grupo no primeiro dia de caminhada, quando, então, foram percorridos 41 km, de Presidente Epitácio à Bataguassú.

Além do desgaste físico verificado, um dos integrantes do grupo, o Dalibor, foi acometido de problemas estomacais, devido a ingestão de carne no restaurante Amigo da Estrada, quando, dado as condições físicas em que se encontrava, deveria ingerir alimentação mais leve, como por exemplo salada, o que foi feito pelos demais, com exceção ao Henrique, o qual já estava acostumado ao desgaste físico repentino, motivo esse que se fêz como mais uma razão para que o empreendimento tivesse uma trégua de um dia.

O segundo dia de atraso se deu durante o percurso entre Bataguassú e Anaurilândia, posto que o rendimento da caminhada foi decaindo, já que, de comum acordo, os integrantes resolveram não forçar por demais a marcha, objetivando desta forma chegarem até ao final, mesmo que com atraso.

A partir da cidade de Anaurilândia o plano foi cumprido dentro do previsto, vêz que o grupo, então, adquiriu o rítmo da caminhada.

D O S R E S U L T A D O S

I - OBJETIVOS ALCANÇADOS

a) Observou-se que a atenção das pessoas foi despertada, o que demonstra que existe, na maioria delas, um considerável interesse ecológico, interesse este que, no entanto, permanece inativo, talvez, motivado pelo já clássico comodismo brasileiro, mas que, trabalhado através de movimentos ecológicos corretamente direcionados e estabelecidos em uma sequência de responsabilidades - GRUPOS ou ENTIDADES ECOLÓGICAS / ÓRGÃOS DE IMPRENSA / PÚBLICO A SER ATINGIDO - isto feito de forma bastante racional e desprovida de paixões políticas e/ou interesses particulares, poderá ser retirado desse comodismo e transformado em vóz ativa nas reivindicações dos direitos que, já por uma ordem natural das coisas, são de todos, independentemente de compreenderem ou não a NATUREZA.

...continua em fls. 05 ....

...continuação, fls. 05...

b) Das alterações verificadas, no que diz respeito a FAUNA, observou-se a realidade da incidência de crimes ecológicos, como por exemplo a apanha de filhotes de aves, principalmente do PAPAGAIO, crime esse, cuja ocorrência foi documentada através de fotografias, para que se possa demonstrar visualmente toda a sequência de sua consumação, além do que, também, verificou-se que existe um certo descaso de alguns motoristas, tanto de veículos de grande e médio quanto de pequeno portes, ao que se refere a pequenos animais silvestres que são mortos ao atravessarem a estrada, pura e simplesmente por falta de um "pouquinho mais" de cuidado e senso ecológico e de valor à vida, não importando se ela é de um ser humano ou de um bicho. Já com relação à FLORA, constatou-se que tanto os desmatamentos quanto os reflorestamentos são feitos de forma incorreta, quando não criminosa, fato esse que para ser observado não precisa ter conhecimento técnico, pois é claro e lógico que uma pequena reserva florestal deixada separada de rios não terá qualquer valia para a fauna, e o reflorestamento feito com apenas uma espécie de planta, para substituir uma floresta onde nativamente existiam diversas espécies, dentre as quais, a que foi plantada "não" fazia parte, ao entender do grupo só pode ser um reflorestamento incorreto e sem qualquer validade para o ecosistema.

II - EXPERIÊNCIAS ADQUIRIDAS

A título de experiência pessoal, a Caminhada constituiu-se numa imensurável fonte de informações, proporcionando a cada integrante do grupo surpreendentes descobertas sobre o próprio limite de cada um, fazendo entender que nada que é nobre e justo se consegue sem esforço e árdua luta. Quando se pensa que já estamos nos nossos limites, temos energia para outro tanto, ainda.

É surpreendentemente emocionante sentir que não se caminha sozinho, pois todas as pessoas que incentivaram com um simples aceno, até um patrocínio mais caro, e aquelas que acreditaram no grupo e mesmo as que duvidaram, indiretamente caminharam ao lado dos ecologistas e constituiram-se na maior fonte de energia para que a equipe persistisse e chegasse até o fim.

O U T R O S   D A D O S

- Distância real................. 176 km.
- Distância média p/dia .... 29,33 km/d.
- Velocidade média .... 4,5 km/h.

...continua em fls. 06 ....

...continuação, fls. 06 ...

- Horas andadas .... 39,11 hs.
- Número de passos .... 267.520 passos. (1520 p/km)
- Distância percorrida no asfalto ..... 66 km.
- Distância percorrida na terra .... 110 km.
- O desgaste físico era mais acentuado durante' as descidas.
- Caminhar na terra, embora mais lento que no ' asfalto, é mais confortável.
- Custo aproximado .... Cz$-120.000,00- entre patrocínios e despesas.

Bataypora/MS, 12 de janeiro de 1989.

Dário do Amaral Trachta

Dalibor do Amaral Trachta

Henrique João do Amaral Trachta

Evandro do Amaral Trachta da Silva

CRÉDITOS

Fotografias

Dario do Amaral Trachta (maioria)
Eurico Felix (duas)
Nelson Amaral (duas)
Demais integrantes da caminhada (algumas)

Desenhos

Dario do Amaral Trachta

Porto de Idéias EDITORA

www.portodeideias.com.br